JN276012

安岡正篤 人間学

神渡良平

講談社+α文庫

文庫版まえがき

　人は若い頃は誰でも、ひとかどの人物になろう、早く出世しようとがむしゃらに頑張り、外へ外へと挑戦するものだ。でも、社会の表も裏も一通り経験し、自分の力量もほぼわかってくる四十代を過ぎると、ふと考える。

（ぼくの人生はこれで良いのだろうか……。これまで仕事に追われ、息つく暇《ひま》もなく走ってきたが。このまま行けば、あっという間に定年を迎え、老年期に入り、何も形をなさないまま人生を終わってしまう……。何かが欠けているのではないか……）

　沈思黙考する耳に、秋の虫のすだく音が聞こえてくる。ふと仰ぎ見ると、夜空には刷毛《はけ》で掃いたように薄雲が広がっており、中天に月が皓々《こうこう》と照っている。日常の些事《さじ》から離れ、しばし悠久《ゆうきゅう》なる時間と対峙《たいじ》する。そして自分の内に無限なる宇宙の広がりを発見し、自分は無限なる存在が有限化した崇高《すうこう》な存在であると実感する——。

　こうして人生を問い始めた魂に、東洋思想の泰斗《たいと》、安岡正篤《やすおかまさひろ》の人間学が一つひとつ染み入ってくる。例えば、次の一節。

「人間にとって『独《どく》を抱く』ことは非常に大切なことだ。独とは単なるひとりではなく、相対に対する絶対の境涯を示す。つまり、群集に伍《ご》する、大衆に混じることなく、自己に徹するということだ。人は自己の絶対に徹してはじめてあらゆる相対に応じることができる」(『照心語録』関西師友協会)

かくして、読書を通して、絶対の境涯が開けていく。絶対に接して初めて、知識は見識となり、胆識《たんしき》となる。安岡は、「知識は見識となり、胆識にまで進んで、初めて仕事ができる。単なる頭でっかちでは、人を動かすことはできない」と言ったが、人間学とは胆識を育てる学問でもある。

ところで、これについては面白い逸話《いつわ》がある。一世を風靡《ふうび》した売れっ子評論家の伊藤肇《はじめ》がまだ安岡本人に会っていないときのことだ。あちこちで安岡の名前を聞く。伊藤は面白くなかったので、ある雑誌で、「安岡とかいう道学者風情《ふぜい》が知ったようなことを書いている」と批判した。それを聞き知った安岡は、「一度伊藤とやらに会ってみたい」と言い、世話する人があって、一夜酒を酌《く》み交わした。談論風発、楽しい酒のひと時が過ぎていった。そして伊藤曰《いわ》く。

「安岡という人は、人間の格が全く違う。わしは見当違いの批判をしていたようだ」

かくして伊藤は安岡に師事するようになり、講義を細かくメモした。そしてその内容をアレンジして月刊「財界」などの雑誌に書いた。結果、「昭和の碩学《せきがく》」「人間学の大家」として安岡の名前が一般に知られるようになっていった。ある意味で、安岡の存在を世に知らしめたのは、伊藤だと言っても過言ではない。伊藤の名著となった『人間的魅力の研究』（日本経済新聞社）はこうして生まれたものである。

　人間学とはこの逸話を踏まえて言うと、安岡に出会った伊藤が「人間の格が違う！」と絶句したような、人間の格を作る学問だともいえよう。

　安岡は処女作『王陽明《おうようめい》研究』（明徳出版社から再版）以来、「夜空に輝く星辰《せいしん》、そして内なる道徳律」に導かれて著作を書いた。安岡は「内なる声」をもっとも大切にしていたからこそ、作家小島直記《こじまなおき》が言うように、読む人をして「文字で心を洗い、心のノミで顔を彫る」ような珠玉の作品が生まれたのだ。

　この度、今日《こんにち》の安岡ブームの火付け役になった拙著『宰相《さいしょう》の指導者　哲人安岡正篤の世界』（講談社＋α文庫）に続いて、姉妹篇である本書も講談社＋α文庫に入ることになった。本書によって、「文字で心を洗い、心のノミで顔を彫る」ような読書をされ、人生を渉《わた》る秘訣をつかまれるよう願ってやまない。

　平成十四（二〇〇二）年九月

千葉県佐倉市の寓居・暁星庵《ぎょうせいあん》にて　著者識

はじめに

昭和五十八（一九八三）年に亡くなった安岡正篤《まさひろ》は、東西の古典を渉猟《しょうりょう》し、人間としてのあり方を模索した人である。その求道《ぐどう》の姿勢の前には「歴代宰相の師」とか、「帝王学の祖」とかの形容詞も色あせてみえる。事実、安岡はそういう形容詞を一番嫌った人であった。読書に際しては、その著者が何を主張しているかを知ること以上に、著者から何を学ぶかという視点が一貫して流れていたように思う。

たとえば、安岡四十四歳のときの著作『続経世瑣言《きげん》』（刀江書院、昭和十七年。致知出版社から正続を合わせて復刻）には、こういう一節がある。

「人物学を修める上において、もっとも大事な二つの秘訣があります。第一に古今の優れた人物に学ぶことです。われわれの同時代の優れた人物にできるだけ親炙《しんしゃ》し、時と所を異にして親炙することができなければ、古人に学ぶ。私淑《ししゅく》する人物を持ち、愛読書（座右の書）を持つということが人物学を修める根本的、絶対的条件です。その次に、怖《お》めず臆《おく》せず、勇敢にそして己を空しうして、人生のあらゆる経験を嘗《な》め尽くすことです。その体験の中にその信念を生かし、行って、初めて知行合一《ちこうごういつ》的に人物を練ることができるのです」

「先賢に学んで自分を練る」という安岡の姿勢に教えられる。安岡が「人間学の中興の祖」と呼ばれるゆえんである。同書はさらにいう。

「人物の研究のためにはその偉大な人物の面目を伝え、魂を込めておる文献に接することです。その点、古典というものは歴史のふるいにかかっておるから力がある」

「優れた書物とはそういう優れた人物の魂を伝え、面目躍如とさせておるような書物のことです」

安岡とほぼ同時代に生きた哲学者・森信三《もりしんぞう》も、読書は自分の運命を拓《ひら》く力があると説く。彼の主著『修身教授録』（致知出版社）の一節。

「国家の全運命を、自分独自の持ち場のハンドルを通して動かさずんばやまぬという一大決心をしたとき、その人の寿命は、天がその人に与えた使命を果たすだけは、与えるものです。それよりも永くもなければ、短くもありません」

安岡は手練手管《てれんてくだ》を嫌う。本物以外に歴史の批判に耐えることはできないという。安直なものでは長持ちしない。だから権謀術数的な覇道《はどう》ではなく、王道を行くことを説く。政治でも経済でも枝葉末節《しようまっせつ》的なことに囚《とら》われれば囚われるほど、息ができなくなる。本来、人間を幸せにするはずの政治や経済がそうでなくなるのは、覇道に陥るからだという。

ここに来て安岡の書き残した本が読まれている。大手の書店に行くと、必ずといっていいほど、安岡正篤コーナーが設けられている。『人物を創る』(プレジデント社)、『三国志と人間学』(福村出版)、『活眼活学』(PHP研究所)、『先哲講座』(致知出版社)など、数十冊の本が並んでいる。そのどれもが人間形成における含蓄の深い先賢の知恵を紹介してくれており、貴重なものである。

しかし、数十冊に及ぶ安岡の著書を全部読み通すことは、常人には並大抵ではない。とはいえ、安岡の著書にひかれ、次から次に読み進む人びとにとって、安岡人間学のエッセンスは何か! という問いかけは常に存在する。

わたしも安岡の著書の愛読者の一人であり、同じ問いを抱いている。家人の寝静まった夜更けの書斎で、安岡の著書をひもとき、読み進みながら、あるいは感嘆し、あるいは言葉を忘れて瞑目《めいもく》する。安岡の書物を読むことは、そのまま求道であり、叱責であり、発奮なのである。

こうして安岡の書のいずれにも赤い傍線が引かれ、大学ノートにはメモを書き込んだ。それはそのままわたしの思索の跡でもあった。

あるとき、わたしの書斎でそれらの書物やノートを見た新聞社の文化部長が感嘆し、これを連載しませんかと誘った。

「多くの読者は安岡先生の本を二、三冊は読んでいるでしょうが、神渡さんのようにほとんどの本を読んでいるというわけではありません。しかも、神渡さんの安岡先生関係の蔵書は赤線だらけで、心の琴線に触れたところには書き込みすらあります。どうです。安岡先生のそれぞれの本のさわりの部分を抜粋し、それに神渡さんの解説をつけてみませんか。

〝多岐亡羊《たきぼうよう》〟という言葉があるでしょう。安岡先生の著書があまりに多いので、どれから手をつけていいか考えあぐねている読者のために、ぜひとも適当なガイドブックが必要なのです」

安岡の文章には、読者に考えてもらう契機にするのに、最適のものがいくつもある。わたし自身、いたく感じ入って傍線を引いているものが、百ヵ所はある。それらの個所を読んでもらうだけでも、大いに意味があることではないか。

わたしはその企画を引き受けた。

第一回目は平成三（一九九一）年六月一日だった。「安岡正篤の言葉」と題して、毎週土曜日ごとに連載した。さすがに安岡の珠玉の言葉はすぐさま読者の心をとらえ、毎週土曜日の掲載を楽しみにされている購読者が増えた。最初、六ヵ月の予定で始まった企画だったが、好評に支えられてさらに三ヵ月伸び、また三ヵ月伸びして、とうとう一年を超した。

このたび読者の要望に応《こた》えて、これまでの掲載分百三本をまとめて上梓《じょうし》することになった。本にするにあたり、改めて読み直してみると、これは「安岡人間学」の格好の手引書になっている。安岡の各著書の白眉《はくび》の部分を抜粋しているから、当然のことであろう。そこで、書名を『安岡正篤 人間学』とすることにした。

本を担当していただいたのは、同文舘出版の簑豊《みのゆたか》出版本部長である。この本が世に送りだされたのは、簑豊氏の熱意のたまものである。ここに名前をあげて謝意を表したい。

平成四年十一月

神渡　良平

◉目次

第四章　読書と尚友

第五章　人生の知恵

安岡正篤　人間学

第一章　運命を拓く

宿命を超える

環境が人を作るということに囚《とら》われてしまえば、人は単なる物、単なる機械になってしまう。人は環境を作るからして、そこに人間の人間たる所以《ゆえん》がある。自由がある。即ち主体性、創造性がある。だから人物が偉大であればあるほど、立派な環境を作る。人間が出来ないと環境に支配される。

（『知命と立命』）

あるとき、明《みん》の袁了凡《えんりょうぼん》は人相見に自分の人生をあれこれ当てられた。そこで袁は人間に運命があるのなら、もうあれこれ考え努力することはやめようと、運命にまかせることにした。すると、不思議に科挙《かきょ》（高等官採用試験）にも及第し、念願の役人にもなれたので、ますます運命があることを信じた。

あるとき、袁は出張先の南京《ナンキン》で、雲谷《うんこく》という偉い坊さんに出会った。雲谷は袁の人物ができているので、

「あなたは年が若いのに非常にできていらっしゃる。どういう修行を積まれたのか」

と尋ねた。それを聞いた袁は、

「いいや、わたしはただ運命に従っているだけです」

と答え、若いころ出会った人相見のことを語った。すると雲谷は、

「何だ、そんなことか。では、あなたはじつにくだらない人だ」

と吐き捨てるように言った。それに驚いた袁が、理由を尋ねると、雲谷はこう答えた。

「人間の運命が最初から決まっているなら、何でお釈迦さまや孔子さまが苦労されましたか。確かに運命というものは存在するが、人間は修行によって命《めい》を知り、命を立てることができる。動物にはできないことを人間はやることができる。

人間とはどういうものであり、いかにすればよいかということを研究し、その研究に従って、自分自身を創造することができるところに、人間は万物の霊長たるゆえんがある。命《めい》はわれより作《な》すものだ」

それを聞いた袁はいたく反省して、以後、学問修行に打ち込んだという。

これは意味深長な寓話《ぐうわ》である。命はわれより作す、と決意した人間は、いかなる逆境も乗り越えて、初期の目的を達成する。志次第で人間は環境を超えることができるのだ。そういえば、古い書物に「志ある者は事竟《つい》に成る」という言葉がある。人間は自分の人生の主人公なのだ。

人間学の二条件

徳慧《とくけい》の学問、即ち広い意味においての道徳的学問、人格学、これを総括して「人間学」というならば、この人間学が盛んにならなければ、本当の文化は起こらない。民族も国家も栄えない。

(『知命と立命』)

安岡正篤は学問を二つに分けている。一つは「知識の学問」、もう一つは「知慧《ちえ》の学問」である。機械的知識をいう「知識の学問」に対して、「知慧の学問」は経験を積み、思索反省を重ね、人徳を練る中から湧き出てきたもので、体験の中からにじみ出てきたもっと直観的な、人格的な学問のことを言う。

そして、「知慧の学問」すなわち人間学の第一条件として、孔子《こうし》、孟子《もうし》以後の最大の思想家である荀子《じゅんし》の言うところをとる。つまり荀子が、本当の学問は、就職や立身出世のためではなく、「窮して困《くる》しまず、憂えて意《こころ》衰えず、禍福終始を知って惑わざるがためなり」というのを指している。

人間である以上、迷いや心配事、窮することは避けられない。しかし、学問修養を積めば、どうすればどうなるかということがわかってきて、精神的にまいってしまうことはない。こうなってこそ真の主体性が立つ。惑うことがないので自由である。

人間学の第二条件は、「自ら靖《やす》んじ、自ら献《けん》ずる」ことだという。これは『書経《しょきょう》』に出てくる言葉で、内面的には良心の安らかさを得、それを外に発して、自己を捧げて、世のため、人のために尽くすことを意味する。人間好むと好まざるとにかかわらず、働いて糧《かて》を得なければならないが、職業選択の意味はここに出てくる。また、これがあるために、人類に進歩が生まれてくる。

安岡が学問を二つに分けたのは、直接には旧制一高での経験からだ。あるとき、胸躍らせて新帰朝の新進気鋭の学者の講演を聞きに行った。ところがその学者には新しい時代の感覚があり、魅力的な何かがあったものの、薄っぺらで、期待したような存在感、重量感を感じることができなかった。安岡は西洋の哲学に埋没すればするほど、飢餓感は強まった。そんなとき、東洋の古典を読むと、飢えた者が一椀《わん》の飯にありついたような満足感を得た。

そのときから安岡は東洋の伝統的な学問と西洋の社会科学との間に微妙な相違があることに気づき、この差は何だろうと考えるようになったという。これはまた安岡の書物が人間学の書と呼ばれる理由でもある。

運命を拓く

「命《めい》」というのは、絶対性、必然性を表し、数学的に言うならば、「必然にして十分」という意味を持っている。人間も人生そのものが「命」である。それは絶対的な働きであるけれども、その中には複雑きわまりない因果関係がある。その因果関係を探って法則をつかみ、それを操縦することによって、人間は自主性を高め、クリエイティブになり得る。つまり自分で自分の「命」を生み運んでいくことができるようになる。

（『知命と立命』）

相変わらず運命に関する書物がよく売れている。宗教団体も「浄霊によって開運する」とか、「いい守護霊を付けてあげる」などと言いながら、布教に余念がない。しかし、安岡正篤の運命観はそれとは少し違うようだ。

安岡は、宗教家の祈禱《きとう》によって自己の運命が開かれていくのではなく、あくまでも先賢たちが到達した人間性についての洞察炯眼《どうさつけいがん》を学び、そう成り変わろうと刻苦勉励することによって、物事に動じない自分ができていくのだという。自分自身で悟り気づいた分だけ運命が開け、自主的、主体的になっていくというのだ。芥川《あくたがわ》龍之介《りゅうのすけ》が「運命とは性格なり。性格とは心理なり」と言っているのに一脈通じるものがある。

安岡は『運命を開く』（プレジデント社）の中でも、きわまりない人生の因果関係の法則をつかみ、真の自主性、主体性を高めていくには、学問によらなければならないと強調する。ただし学問とは、知識を詰め込む「知識の学問」ではなく、人間の本質的完成のための「知慧の学問」「徳慧《とくけい》の学問」を指す。徳慧の学問を積めば、本来の自己が感得され、しだいに天から与えられた自己の使命を知り（知命）、ついには自己の運命を確立する（立命）というのだ。

安岡は『書経』の言葉を引用して、知命し立命すれば、「自ら靖《やす》んじ、自ら献ずる」、すなわち、内面的には良心の安らかな満足を得るようになり、外面的には人のために自己を献ずるようになるともいう。

そこではもはやあらゆるものが甘んじて受け入れられていく。心の奥深いところにはいつも感謝と喜びがある。そうして逆境さえいつしか順境に転化していく。そのときこそ人は真に「運命を拓《ひら》いた」と言えるのだ。

宿命はない。それよりも、「随処《ずいしょ》に主となれば、立処皆真《りっしょみなしん》なり」（『臨済録《りんざいろく》』）なのである。

読書と運命

運命は動いて止まないがそこにはおのずから法則（数）がある。そこで自然界の物質と同じように、その法則をつかむと、それに支配されないようになる。自主性を深めていって、創造性に到達する。つまり自分で自分の「命」を生み、運んでゆけるようになる。「宿命」というものにならなくなるのである。（『知命と立命』）

安岡正篤は、さらにこのように述べる。

「われわれの命をよく運命たらしめるか、宿命に堕させしむるかということは、その人の学問修養しだいである。これが命を知る〈知命〉、命を立てる〈立命〉の大切なゆえんである。人間は学問修養しないと、宿命論的存在、つまり動物的、機械的存在になってしまう。よく学問を修養すると、自分で自分の運命を作ってゆくことができる」

安岡は求道の日々、王陽明《おうようめい》の『伝習録《でんしゅうろく》』を読んで、陽明が陸象山《りくしょうざん》（南宋《なんそう》の大儒）に一目置いていたことを知り、その名を心にとどめていた。するとある日、敬慕する藤原惺窩《せいか》も象山から得たところが少なくないと知り、たまらなくなって象山の全集を手に入れ、読みふけった。そして象山という人物に驚嘆した。安岡は『陽明学十講』(明徳出版社)にこう書き記している。

「私はしばしば感嘆の声を発し、ある時は巻を掩《おお》うて深く内省に沈み、また夜半過ぐるも危坐《きざ》して、凝然《ぎょうぜん》この書に対し尽くしたこともあった。私は実にこの書によって自己に反《かえ》り、事物の根本を摑《つか》むことができ、一段の骨力を増すことができたように思う」

伝記作家の小島直記《こじまなおき》は、読書は「文字で心を洗い、心のノミで顔を彫る」方法だという。読書は筆者に対峙し、自分の骨力を養っていく方法なのだ。

佐藤一斎《さとういっさい》の『言志四録《げんししろく》』にも、知命・立命に関するこんな一節がある。東洋の学問の根底には、知命・立命という自覚が濃厚にあるようだ。

「人は須《すべか》らく省察すべし。『天何の故にか我が身を生み出し、我をして果して何の用にか供せしむ。我既に天の物なれば、必ず天の役あり。天の役供せずんば、天の咎《とが》必ず至らむ』省察してここに至れば、即ち我が身の苟《から》くも生くべからざるを知らむ」

この信念こそ尊ぶべきではないだろうか。

天に近づく

真理を学ぶとか、道を修めるとかは、要するに、自分に与えられた心というものをいかんなく究明し発揮することである。どんな一事、一物からでも、それを究尽《きゅうじん》すれば、必ず真理に近づいてゆき、竟《つい》には宇宙・天・神という問題にぶつかるものだ。最近はありきたりの哲学よりも、科学のほうが、よほど精神的になってきている。どうかすると、科学のほうがむしろ真剣に宗教に入ってきているといってよい。

（『照心語録』）

政治は汚いもの、清濁合わせ飲まなければならない世俗的なものという考え方が一般的である。しかし、わたしは安岡正篤の「どんな一事、一物からでも、それを究尽すれば、必ず真理に近づいていき、竟には宇宙・天・神という問題にぶつかるものだ」という好例を、たとえばアブラハム・リンカーンの生き方に見る。彼はアメリカが奴隷解放をめぐって南北戦争をしたときの大統領である。

一八六四年、リンカーンは大統領に再選されるが、未就任大統領として南部連合の使節と会い、これ以上同胞相食《は》むような戦争はしたくない、もし南軍が手を引けば、寛大な処置をすると申し出た。しかし、この申し出は拒絶され、南軍は戦争を続行し、ついに惨敗した。弁護士時代、「正直者のエイブ」と言われ、政治によって理想を追求しようとしたリンカーンは、この直後、二度目の就任演説の中で、後世に残る有名な言葉を語り、実行した。

「誰にも悪意を抱かず、すべての人に慈愛をもって」(With malice toward none, with charity for all)

深夜、警備員がホワイトハウスを巡回警邏《けいら》中、アブラハム大統領が跪《ひざまず》いて神に泣いて祈る姿を何度も目撃したと証言している。アブラハムにとって、政治もまた神を発見し、神に近づく道だったのである。リンカーンには語り伝えられる名文句が多い。そのいくつかを掲げて、この人の思想を想起したい。

「分裂している家は立ちゆかない。奴隷《どれい》州と自由州が半々では、連邦政府の存続は不可能である」

「われわれはここに眠る戦没者の死を無駄にしないこと、神の導きによって、この国に新しい自由を生み出すこと、そして人民の、人民による、人民のための政治が地上から滅び去ることがないよう努力することを固く決意しなければならない」

命を作すのは自分

命《めい》は造化の機境《ききょう》である。造化は絶対自慊《じけん》の流行であって、われわれはかくあらねばならぬからかくある、かくあるよりほかにどうもありえない。すなわち何事も命だ。われわれは造化に委順《いじゅん》するよりほかはないに相違ない。しかし、それであるからとて消極的無為の生活に陥る第二種の宿命論には、なるほど根本的誤謬《ごびゅう》がある。それは造化の造化たることを知って、人が造化たることを知らない。換言すれば、位《い》育参賛《いくさんさん》を本質とする人道を知らない。誠は天の道である。これを誠にするは人の道である。

(『東洋倫理概論』)

大阪に靴下製造・販売のダンという会社がある。資本金二千万円、従業員百四十人、年商八十億円の企業だ。「靴下屋」というチェーン店は百四十店にもなる伸び盛りの企業で、社長は越智《おち》直正《なおまさ》だ。ある年、越智社長は「中国の古典を読んで、人生の知恵を学ぶ」という条件で、足の悪い青年を採用した。

あるとき、越智社長がこの青年に、「君はどんなとき、自分は足が悪いんだと痛感するのか」と聞くと、その青年は答えた。

「同僚がデートしたり、結婚するときです。自分みたいな足が悪い男には、若い女性は振り返ってくれませんから……」

足の悪いことがコンプレックスになっていて、なかなか前向きになれなかったのだ。ところが越智社長は彼を諭《さと》して言った。

「ぼくが人生を通して教えられたことは、人には欠けたものがあれば、天はそれを補って余りあるものを与えているということだ。君は足が悪い。でもそれを補うような何かが与えられているに違いない。それが何なのかを考えたことがあるか」

その青年にとって、社長の言葉は目を開かせるものがあった。自分の命は何か。自分の持ち味は何か、考えることが続いた。そうしてコンピュータに取り組むようになり、ついにはその部門をまかされるようになった。

人間は不思議なもので、天命を自覚し、それに打ち込み、自信がついてくると、人間としての魅力もできてくる。その青年はその会社の誰もがうらやむような女性のハートを射止め、とうとう結婚したという。

安岡正篤は言う。「人には命があると同時に、『命はわれより作《な》す』のである」。その青年は命をわれより作したのである。

自己に徹す

人間にとって「独《どく》を抱く」ことは非常に大切なことだ。独とは単なるひとりではなく、相対に対する絶対の境涯を示す。つまり、群衆に伍《ご》する、大衆に混じることなく、自己に徹するということだ。人は自己の絶対に徹しはじめてあらゆる相対に応じることができる。

（『照心語録』）

人間は弱いもので、なかなか独りにはなれない。群衆に紛《まぎ》れて生活する。するといつしか流されて、ただの生活者に成り下がってしまうものだ。修行する者たちがしばしば人里を離れて難行苦行に打ち込むのも、本能的にそういうことを知っているからだ。

安岡正篤は、俗流に成り下がらないためには、自己に徹することが大切だという。では自己に徹するとはどういうことか。

江戸時代前期の仏教思想家・鈴木正三《しょうさん》は、宇宙には仏性《ぶっしょう》という本質があり、それが個々の姿をとって顕現しているのだという。たとえば、夜空に月は一つしかないが、湖にも池にも水たまりにも、そして一滴の雫《しずく》にさえ月は映っている。個々のものに映っている月を見ると「多」であるように見えるが、そのじつ、月は一つしかない。個々の現象を追究していくと、本体の月という「絶対存在」に行きつくのだ。こうして、相対的存在であるはずの個々の存在が、絶対的価値を帯びることになる。

仏教に「天上天下《てんじょうてんげ》唯我《ゆいが》独尊《どくそん》」――天の上にも天の下にも、われはただ独りあるから尊いのだ、という自覚も、ここからきている。

自己の内面を突き詰めていくと、そうした絶対的自分に到達する。これを「知命」という。坐禅や静坐は自己を徹見する最良の方法だ。自分の命を知った人間は強い。揺るがない。自己にも他者にも妥協しない。はた目には頑固に見えるのだろうが、本人は至って自由である。

余談になるが、「農業であろうと、商業であろうと、自分の仕事を尊く思い、一心不乱に精を出すとき、人はおのずから救われていく」という日本人の「勤勉の哲学」には、鈴木正三の影響が大きい。鈴木の思想的影響は、江戸時代後期になって、石田梅岩《ばいがん》とその門下生たちによって、広く国民思想となっていく心学《しんがく》にも現われている。日本資本主義の萌芽《ほうが》は「自己に徹する」倫理観から生まれてきていると言えよう。

忘れるほど思う

葉公《ようこう》が、「孔子という人は、いったいどういう人ですか」と子路《しろ》に訊《たず》ねたが、子路は答えなかった。答えなかったのか、答えられなかったのか、いずれかわからぬが、とにかく子路は何も言わなかった。それを聞いて孔子はこう言われた。「お前はどうしていわなかったのか。その人となりは、憤を発しては食も忘れ、道を楽しんでは憂《うれい》も忘れ、やがて老いのやってくることにも気づかない」と。（『論語の活学』）

安岡正篤が『論語』述而篇《じゅつじ》を講義した折、述べた言葉である。孔子の弟子の子路が、楚《そ》の葉県長官の沈諸梁《しんしょりょう》から、孔子という人はどういう人なのだと聞かれたとき、子路はどう答えたらいいか迷い、説明できなかった。そのことをあとで孔子が聞き、先述の話をしたという。

物事に感激して、ただひたすらに打ち込む。結局、人生というものはそういうものではないだろうか。一度しかない人生。時間を浪費しているわけにはいかない。仕事に全身全霊を打ち込むとき、そういう仕事ぶりはおのずから評価され、ますます大きな仕事が与えられる。気がついてみると、部長になり、重役になり、社長をまかされていた……。

大阪屋証券（現・コスモ証券）副社長の豊田良平《とよだりょうへい》は安岡の生前、いろいろと指導を仰いでいた人だが、安岡からこんなことを言われたことがある。

「豊田君、物事は忘れるほど思わなければだめだよ」

豊田の現役時代は「コンクリートからでも芽を出す男」と異名を取っていたが、「忘れるほど思う」というアドバイスは豊田の一途《いちず》さをいっそう倍加した。ますます寝ても覚めても一筋に打ち込むようになり、「大阪屋証券の豊田」と言われる人物になっていった。自分がいまやっていることに一心不乱になれる人は、佐藤一斎《さとういっさい》が言うとおり、まさに「老いて衰えず」「死して朽ち」ないのである。

このことで想起するのは、今日の電力業界をつくりあげた松永安左《まつながやすざ》エ《え》門《もん》のことだ。彼は九十五歳で死ぬ二ヵ月前まで、トインビーの名著『歴史の研究』（全二十五巻）の日本語版刊行のため、心を砕いた。トインビーをイギリスの王立研究所に訪ねて翻訳権を取得したのが、松永が八十歳のときだったというから驚きだ。

彼もまた、憤を発しては食を忘れ、道を楽しんでは憂いを忘れ、やがて老いのやってくることにも気づかなかった一人である。

静粛なひと時

養寿規

一、早起き、静坐、梅茶を服す。
二、家人に対し、温言和容を失わず。
三、養心の書を読み、養生の道を学ぶ。
四、老壮の良友に交わり、内外の時勢に通ず。
五、凡《すべ》て宿滞を除き、陰徳を施す。

――安岡正篤

これは安岡正篤が晩年、主宰した全国師友協会発行の月刊誌「師と友」の巻頭言に書いた安岡自身の処世訓である。

これに関連して、京都・東福寺《とうふくじ》の福島慶道《ふくしまけいどう》管長が、神戸ポートピアホテルの田中教《のり》仁《ひと》副社長に、「正」という字についてこう語った。

「正しい考えに行きつくためには、止まって考えることが必要です。だから正という字は一と書いて、その下に止まると書くでしょう。忙しければ忙しいほど、静かに静坐し、黙想することが必要です。自分を見失わないためにも、です」

安岡は夜の宴席で、いっさいの人工的な光を消して、窓から差し込む月の光だけで酒を酌《く》み交わすことを好んだ。千億万年の彼方《かなた》からの悠久な光に照らし出されていると、こせこせした人間の思い煩《わずら》いは消えていくからである。

昭和十一（一九三六）年一月、二・二六事件が起こる一ヵ月ほど前、安岡は作家の吉川英治《よしかわえいじ》、南画家の新井洞巖《どうがん》、東京府知事の香坂昌康《こうさかまさやす》と、赤坂の料亭で飲んだ。そのとき四人は、安岡の提案で灯を消し、炉の明かりだけで談笑し、時が過ぎるのも忘れて飲んでいる。

吉川英治がそのことを福島県の須賀川《すかがわ》牡丹園《ぼたんえん》の柳沼源太郎《やぎぬまげんたろう》へ書き送っているところを見ると、灯を消しての酒宴はよほど印象深かったとみえる。

ほかにこういう例もある。戦前、安岡は金鶏学院と日本農士学校を主宰し、青年の育成に心血を注いだ。金鶏学院では月二回定例の勉強会がもたれたが、その折、参学者たちには灯を消し、月光に照らされて、ただ無心に石笛などを聞かせている。

静かなときを持つ。形は静坐だろうが、坐禅だろうがかまわない。ときは早朝でも深夜でもかまわない。要は宇宙の本源たる大神に心を合わせ、自分を振り返る時間を持つことをすすめたのだ。

転機をもたらすもの

敬という心は、言い換えれば、少しでも高く尊い境地に進もう、偉大なるものに近づこうという心だ。したがってそれは同時に自ら反省し、自らの至らざる点を恥ずる心になる。省みて自ら懼《おそ》れ、自ら慎み、自ら戒めてゆく。偉大なるもの、尊きもの、高きものを仰ぎ、これに感じ、憧憬《あこが》れ、それに近づこうとすると同時に、自ら省みて恥ずる。

(『人間学のすすめ』)

中村久子《なかむらひさこ》は子どものころの病気がもとで、二歳のとき両手両足を切断する憂《う》き目に会った。しかし両手両足がなくても食べていかなければならない。久子は泣く泣く見世物小屋に売られていった。小屋には客の歓心を呼ぶために、「だるま娘」という看板がかかっていた。久子は両手両足のないだるまのような体を観客にさらし、口で針に糸を通し、口にくわえた筆で字を書くという芸を披露するようになった。

常人ばなれしたこの芸は受けて、観客は大いに入った。気がつくと久子は売れっ子になっていた。そして久子は縁あって結婚し、二児をもうけ、独立して一座を率いるようになった。

しかし、酒癖、女癖が悪い夫との仲はうまくいかなかった。小学校にやるために子どもを預けていた家にも、送金が途絶えがちになる。迷い、考えあぐねていた久子の目に映ったのは、雑誌「キング」の記事だった。「キング」は「寝ながらにして女学校の購買部を受け持っている人」として、座古愛子《ざこあいこ》のことを紹介していたのだ。

座古愛子は明治十一（一八七八）年、神戸の貧困な棟割《むねわり》長屋に生まれた。父母は愛子が幼いころ離婚したので、彼女は母と祖母の手で育てられた。愛子の家は貧しく小学校にも通えなかったが、貧困家庭の子女のために設けられた夜学校に通い、字を覚えた。昼間はマッチ工場で働き、夜、夜学校に通ったのだ。祖母は敬虔《けいけん》なクリスチャンで、その祖母の影響で愛子もクリスチャンになった。

愛子が体の自由を失ったのは十七歳のときである。リウマチスにかかり、一命は取りとめたものの、首から下は動かない重度の身体障害者になってしまった。

祖母も母も死んで天涯孤独の身になっていた愛子は、何度も死のうと思って井戸ににじり寄ったが、井戸の縁《ふち》まで腰を持ちあげられず、死ぬこともできなかった。

その愛子を救ったのは、神戸教会信者の奥江夫妻である。奥江が千葉に転勤になったとき、愛子はままならぬ手で、半日かかって罫紙《けいし》三枚にお礼の手紙をしたためた。

ままならぬ手で書いたこの手紙は奥江を感動させたばかりでなく、愛子自身も驚いた。

「わたしにも字が書ける力があったのだ!」

これが転機になった。神戸教会の武田牧師は愛子に文学的素質があることを知り、和歌、俳句の手ほどきをした。愛子はその文章力を活用して、文書伝道をはじめ、多大の反響を得るようになった。

とはいえ、食べていかなければならない事情は誰でも同じだ。他人の世話になり、食物を恵まれて生きることの嫌いな愛子は、自活する道を探した。そして、ついに大正三(一九一四)年、神戸女学校教師のミス・コザートの世話で、校内の購買部を受け持つことになった。この寝たきりの天使の健気《けなげ》な活躍は徐々に噂となり、雑誌でも紹介された。

そんなころ、久子は「キング」で愛子のことを知ったのだ。久子はグラビアに出ていた愛子の顔の美しさに引き込まれた。寝たきりでありながら、神々《こうごう》しいまでに輝いているのだ。矢も楯《たて》もたまらず、この人に会ってみたいと思った。

当時、姫路にいた久子は義足をつけて神戸まで出向いていった。昭和四(一九二九)年、久子が三十三歳、愛子が五十一歳のときである。

職員の案内で購買部に行った久子は、愛子に会うなり、あまりの神々しさに釘づけになった。目と目を合わせた瞬間、二人の目から堰《せき》を切ったように涙が溢れ出た。魂と魂が直接交流する瞬間——。

何も説明は要らなかった。久子は愛子が「生かされている！」と感謝して生きているさまがはっきりわかったのだ。

〈何でこんな体に生んだのか……〉

久子はそれまでは父や母を恨んだこともあった。とくに見世物小屋に売り飛ばされたときは、父母を憎んだ。不自由な体を駆使しての子育ては楽ではなかった。言えば数かぎりない不満が口をついて出てくる。

〈神様はどこまでわたしを痛めつければ気がすむのか！〉

そう思うこともしばしばだったが、自分とは全然違う愛子の生き方にハッとした。

〈ああ、わたしはあまりに不平不満が多すぎた……〉

それが久子の転機になって、久子は変わっていった。そして、多くの恵まれない人びとが相談に訪ねてくるような存在になっていく。

中村久子の転機となったのは、座古愛子の生き方だった。「敬」、これがどれほど人間を奮起させることか。教えられる話である。

耳順う

六十にして耳順《じじゅん》す。ちょっと聞きなれない言葉ですが、非常に趣の深い言葉です。自分を作り上げ、天命を知るに従って、だんだん非理性的な私心・独断・偏見などはなくなるので、一切に対して無心に接することができます。そこにすべてにそれ相応の意味・価値を知る寛容ができてきます。人生の神秘的な深いところに到達するとき、あらゆる存在を受容することができてきます。六十ごろになると、自分の充実とともに、他を受け入れられるようになります。これが耳順です。無我な気持ちで一切に耳を傾ける余裕、素直さ、これが耳順です。

（『朝の論語』）

少し長くなったが、「六十にして耳順《したが》う」（『論語』為政《いせい》篇）について、またとない素晴らしい解説なので掲載した。

若いころの安岡正篤は触れれば切れるような研ぎ澄まされたところがあり、長男の正明《まさあき》（長野銀行会長）も、「父といっしょの食事は緊張していて、何を食べたかわからなかった」と述懐するほどだった。金鶏《きんけい》学院や日本農士学校でも、五、六時間坐りっぱなしで講義し、途中トイレに立つものがあったら、頭から叱りつけるほど真剣だったという。その安岡も六十歳を過ぎると、めっきり丸くなった。自分が安岡に受け入れられていると感じるので、安岡と面会した人びとは、いつまでも側にいたいと思ったという。

他人に向かってモノを語る人が多い中で、安岡は己に向かって説いた。「論語読みの論語知らず」とは博学な儒者をからかう言葉だが、安岡はある日の講義で、「論語読みの論語知らず」とは、はからずも自分のことだったと語っている。その率直さに人びとはいっそう素直に耳を傾けたものだ。晩年の安岡の温容はまさに「耳順う」から生まれたものであった。

この耳順の先に、「七十にして心の欲するところに従って矩《のり》を踰《こ》えず」という世界が展開する。欲望と理性と法則との間に矛盾がない。本当の自由に到達する世界だ。安岡はこの境地は孔子だけの独壇場ではないという。従心（七十）の年齢を超えて八十五歳まで生きた安岡は、「無我の境地で一切に耳を傾ける余裕、素直さ」を得て、道を楽しんだのだった。雅号を瓠堂《こどう》という。大きくて世の中の役に立たないものという意味である。役に立つ、立たないの功利的世界を超えていた人物があったことに、われわれはほっと一息をつく。

第二章　人物をつくる

内面の工夫

曾国藩《そうこくはん》に至っては、世寿《せじゅ》を閲《けみ》するにしたがってその工夫ますます細かくなっていった。彼は功名の地位に上がるにしたがって、いよいよ慎み深く反省した。髪賊《はつぞく》平定の大勲もむしろ彼にとっては何らの誇りにも値しなかったらしい。世間的な功名富貴などは自分の魂に何物をも与えるものではないことを彼は確信していた。否《いな》、往々功名を博し富貴に坐することが悪酒を飲むに等しいことを痛感していた。(『東洋の心』)

これは大正八(一九一九)年、安岡正篤二十一歳、すなわち東京帝国大学の学生のとき、初めて「日本及び日本人」に書いた「曾国藩の日記について」の一節である。道を模索してさ迷っている安岡が、曾国藩の身の節し方を知っていたく感銘を受けたさまが伝わってきて、これまた感銘深い。

曾国藩とは清朝末期、太平天国(長髪族)の乱から清朝を救った哲人政治家で、明治五(一八七二)年に没している。

安岡が曾国藩を尊敬するのは、その驚くべき内面の工夫による。曾国藩が三十二歳、北京にいるころ、精進のために自分に課した十二条を日記に書いている。日記のそこここには、「夜深く、古来の政事人物を思えば」とか、「細かに古人の工夫を思えば」「静中細かに思えば」とある。また、「養気の章を誦《しょう》し会するところあるに似たり。願わくばただ身・孟子に私淑《ししゅく》せん」と書きつけてあるのを見て、若き日の安岡は感涙が流れ出るのを押えることができなかったという。

曾国藩は「日が升《のぼ》る」ごとき清明を養うために、早朝の大気の中で朝日に対坐して静坐した。その姿は「鼎《かなえ》の鎮する」ように、不動だったという。静坐は私欲を去り天と一体化するためには欠かせない東洋の知恵である。

曾国藩は武人ではないけれども、長髪族の乱で大いに成果をあげたのは、劉邦《りゅうほう》、曹《そう》操《そう》、朱元璋《しゅげんしょう》らと違い、「自己を空しくして他を敬する」ことができたからである。「居敬」の姿勢を養うのに、この朝ごとの静坐は大いに効果があった。

また、酒色に溺れることを戒め、夜の外出は断《た》った。

「夜門を出でず。功を曝《さら》し、神《しん》を疲らしむ。切戒、切戒」

宰相ともいうべき人が夜の宴会は断って、身を戒《いまし》めたというが、深く教えられるところである。政治家や実業家は夜の宴席が多いと嘆くが、それが多くなっていくか、縮小していくかは、自分の哲学による。

私心を去る

竹影階《かい》を掃って塵動かず。月輪沼を穿《うが》って波痕《はこん》なしというが、常に私はこのように暮らしたいと思っている。自ら語りたい書きたいという機が動くこともあれば、義理に迫られてなさねばならぬことも多い。活機は大いに用うべし。義理は十分尽くさねばならぬ。しかし、その跡を表そうとするのは未練である。執着である。私心である。私は大自然のようにすべてなるべく痕迹《こんせき》を留めぬことを心がけている。

(『童心残筆』)

『童心残筆』が出版されたのは昭和十一(一九三六)年二月、安岡正篤が三十八歳のときである。親友吉川英治は、「日本及び日本人」「帝国文学」「東洋思想研究」などに安岡が書いていた随筆、詩歌などを激賞し、自分が選択装丁するから上梓《じょうし》しないかと持ちかけたことから、出版の運びになった。新井洞巖《どうがん》が描いた南画五枚を配し、紙も装丁も自分で決めて、箱入りの豪華本となった。

二月初版だが、ひと月もしないうちに再版、三版と版を重ねた。しかし、それでも要望に応じきれず、昭和十五（一九四〇）年には普及版が出されている。

昭和五十七（一九八二）年十一月、元の形そのままに、全国師友協会から復刻版が出されたが、これも瞬く間に売り切れてしまい、残念ながらいまは入手できない。神田の古本屋にたまに出ることがあっても、数万円の値段がついている。

この本がそれほどまでに読まれたのは、安岡の若き日の思索や求道のさまが記されているからで、読者はそれに共感しているのではなかろうか。

たとえば、「雲水」と題した一節。

「この宇宙人生を直視したい、驚きたいと言った独歩の心は私にはよく分かる。分かったところで何だ。私は坐禅を行じた。調息を修した。それらの何物も自分には効が無いように思えてならなかった。私は逐《お》われるように、いつも煩悩《ぼんのう》の身に還った」

「その刹那私は何とも言えずヒタと合掌してしまった。十方諸仏の青蓮《しょうれん》の瞳と、無間《むげん》地獄の魔王の瞳とが赫《かく》として一団の聖火となって、身を焼くように覚えたのである。私はいつまでも凝然《ぎょうぜん》と座っていた」

この姿勢はどの本からも読み取られる。読者はおのずから姿勢を正し、安岡とともに宇宙、人生を直視する。読書がそのまま瞑想になり、真摯《しんし》な時間が開けていく。この「襟《えり》を正す」時間が持ちたくて、人は安岡の本を読むのだ。

※堦＝階段

知識・見識・胆識

かつてこの講座で人間精神の大事な要素について話しましたが、その中で知識より見識が必要だと申しました。知識と見識は似ておるようですが、これは全く違います。知識というものは、薄っぺらな大脳皮質の作用だけで得られます。学校へ行って講義を聞いておるだけでも、あるいは参考書を読むだけでも得ることができます。しかし、これは人間の信念とか行動力にはなりません。知識というものにもっと根本的なもの、もっと権威のあるものが加わらないと、知識というものも役に立たない。それは何かといえば見識です。

(『活眼活学』)

安岡正篤の人間学の中で必ず出てくるのが、知識、見識、胆識の話である。安岡が学問修養の大切さを説くのも、知識を見識にまで高め、見識は胆識にまでならなければ、実際の仕事はできないとみるからである。この一節にはこんな文章が続いている。

「事に当たってこれを解決しようというときに、こうしよう、こうでなければならぬという判断は、人格、体験、あるいはそこから得た悟りなどが内容となって出てきます。これが見識です」

しかし、安岡は見識だけではだめだと説く。反対意見があるとき、見識だけでは、説得して実行させるだけの力に欠けるという。反対や妨害があっても断固貫き実行する力がどうしても必要である。時局を論評していれば事がすむ評論家ならいざ知らず、現実に事を推し進めなければならない実際家にとって必要なものがある。それを胆識と言う。

安岡の言葉を借りれば、「決断力、実行力を持った見識」が胆識ということになる。的確な情勢分析をすることができても、優柔不断では事を成就することはできない。

では、いかにして知識を見識とし、さらに胆識にまで高めることができるのだろうか。

安岡は「学ぶにしかず」と言う。

先哲、聖賢によって道を学び、それにならおうとして切磋《せっさ》琢磨《たくま》する中で、次第に人物が練《ね》れ、器ができてくる。そういう人物は相対《あいたい》して座り、二言、三言、言葉を交わしただけで、人間ができているなとか、思いのほか軽薄だな、とかがわかる。

できた人物、味わいのある人物でなければ、大きな仕事はすることができない。

有名無力、無名有力

君たちは決して有名になろうとしてはいけない。有名は多く無力になる。そうではなく、無名にして有力な人になることを考えなければならない。本当に有力な人になろうと思ったら、なるべく無名でおることを考えなければならない。「忙しい、忙しい」というのは有名人の口癖です。「忙」という字は立心偏《べん》に亡《ほろ》ぶ、と書いてある。〝心が亡くなる〟ということで、忙しいと本当に心が亡くなる。迂闊《うかつ》になったり、粗忽《そこつ》になったりする。

（『運命を開く』）

生前の安岡正篤は決してマスコミに出ることはしなかった。自分の書いたものや講演録も全国師友会機関誌である月刊「師と友」やその関係の発行物に載せる以外、雑誌に載せることはなかった。マスコミのインタビューに応じなかったのは、自分の真意がなかなか伝わりにくいということとともに、この「有名無力、無名有力」を自覚していたからだ。

長男の正明（長野銀行会長）は、

「それでも父は頼まれれば断れないほうで、いろいろな会合に出掛けていました。だから、静かに書を読む時間がもっと取れたらなあと口癖のように言っていました」

と述懐する。人は沈潜する時間がなければ、深い志操は培《つちか》われないのだ。

これに関連して安岡は、魅力のある人物になるためには、同時代の優れた人物と交わり、時空を超えて優れた書物から力を得ることだとも言っている。古人は「枕上《ちんじょう》」「厠上《しじょう》」「馬上」の工夫をして、読書の時間を持ったという。人が眠たくなるような凡庸な人間にならないためには、読書を通していろいろな人から人間的刺激を受けることが必要なのである。

作家の小島直記は森信三の『修身教授録』（致知出版社）の推薦文にこんな言葉を寄せている。

「七十代のはじめに、この書物で心を洗われた幸せを思う。生きるための原理原則を考え直し、晩年に備えるために、これ以上の出合いはなかった」

『修身教授録』は森信三が京都大学大学院（哲学科）に籍を置きつつ、天王寺師範学校の学生に講義した講義録だ。昭和十二（一九三七）年から十四年にかけてのもので、森四十歳のころのものである。無名有力の見本のような珠玉の文章が書かれている。

喜神を含む

第一に心中常に「喜神《きしん》」を含むこと。神《しん》とは深く根本に指していった心のことで、どんなに苦しいことにあっても、心のどこか奥の方に喜びを持つということです。実例で言えば、人から謗《そし》られたり、あられもないことを言われると、憤るのが人情であるが、たとえ怒っても、その心のどこか奥に、「イヤこういうことも、実は自分を反省し、錬磨する契機になる。そこで自分という人間ができてゆくのだ。結構、ありがたいことだ」と思うことです。人の毀誉《きよ》褒貶《ほうへん》なども、虚心坦懐に接すれば案外面白いことで、これが「喜神」です。

(『続経世瑣言』)

洋の東西どこへ行っても、古来「いかに人物を修めるか」に相当の心が配られてきた。人望、人徳、ともに同じ意味である。これら人望、人徳は、それぞれの人間に生まれながらに与えられているものではなく、修練によって体得されるものである。自分の欠点を自覚し、それを克服しようと努力し修養を積むと、欠点さえも善化され、妙味を持つようになってくる。せっかちで完璧でなければ気のすまない性格も、それは他人には押しつけてならないことだと自覚し、人の流儀も認めるよう修練すると、懐《ふところ》が深い人物になってくる。

そうなってくると、「あの人は度量がある」と言われるようになり、周りに人が集まるようになってくる。すると天地の法則に従って生命が躍動するようになるから、「あの人は風韻《ふういん》がある」と尊敬されるようになる。

朱子の人生哲学を網羅した『近思録《きんしろく》』に、「学は以《もっ》て聖人に至るの道なり。聖人学びて至るべきか。曰《いわ》く、然《しか》り」という一節がある。

「聖人は人の道を学ぶことによって成れるものなのでしょうか」という問いに、朱子は言下《げんか》に「そうです」と答えている。われわれ凡人も先賢の道に学び修養すれば、人望、人徳を身につけることができるということは、福音《ふくいん》である。

できるだけ同時代の優れた人物に親炙《しんしゃ》し、それがかなわなければ古人に学ぶ。安岡はそれらを総合し、日常の修養の心構えとして「喜神を含む」ことをあげている。

人間、よいときもあれば、悪いときもある。どういう境遇であれ、それを甘んじて受け入れ、そこから再出発していくということは、じつは運命の転換の方法でもある。そういう人間は魔神もどうすることもできない。運命は上昇に転じる。「喜神を含む」とはそういうことである。

日本教と人間学

『三国志』を学ぶと、われわれが今まで探究してきた神・儒・仏・道の教えを初め、易学などもろもろの学問の妙味が、それこそ『論語』の「学而時習之——学んで之を時習す」の語の通り時習されることになる。時習は、勉強したことを忘れないために時々思い出して復習する、というような簡単なことではありません。時は〝時〟ではなくて、〝その時その時に応じて〟ということです。『三国志』とその人間を学んでおっても、それが今まで学んできた学問と別物になってはなんにもならない。同時にそれが活学・活用されて今までの学問の復習・時習になるということが大切です。

（『三国志と人間学』）

日本は無宗教の国だという。その証拠に学校では宗教の時間はないし、キリスト教のように日曜ごとに神社やお寺で礼拝があるわけでもない。年始参りや七五三、それに結婚式や着工式のときのお祓《はら》いなど、神道はわれわれの生活の奥深くにかかわっているけれども、キリスト教における『聖書』のような成文化された教典があるわけでもない。一見すると、日本は無宗教だという主張は妥当のように見える。しかし、海外で生活したことのある人はわかるように、日本ほど治安のいい国はない。女性が夜十時、十一時に平気で独り歩きできる国は世界中あまりない。

また、日本の製品ほど信用できるものはない。それをつくっている企業や職人に、「名」を汚すものは世に送り出さないという姿勢があるからだ。「信用」というものをこれほど大事にする民族もこれまた少ない。

つまり、日本は日曜礼拝はしないけれども、結果として、他の宗教的戒律を守っている国々が啞然《あぜん》とするような高度なモラル社会を実現している。ではそうしたモラルなり社会規範はどこで得ているのだろうか。

そのヒントになるのは、「あの人はできるけれども、人徳がない」という、日本社会ではきわめて有力な、人を計る物差しだ。すべてが人徳、人望に結びつけられる。中国の歴史書『三国志』も、人間を学ぶ素材として考えられている。

人間学の大家といわれた安岡正篤は、じつは人としてのあり方を現代に講釈してくれた「日本教の教師」ではなかったかと思う。晩年、安岡が、『古事記』や『日本書紀』について書いておきたかった。神道はじつに奥行が深い」と語っていたことが印象的である。

自己啓発の工夫

例えば銀行員であれば銀行の仕事さえ几帳面《きちょうめん》にやっていればそれでいいかというと、そうではない。人間は一つには自然の存在だから、自然の法則にも支配される。われわれの精神生活が単調になると、物の慣性・惰力と同じ支配を受け、じきにエネルギーの活動が鈍ってきます。つまり人間がつまらなくなります。平たい言葉に案外妙味があるものですが、「彼奴《きやつ》は眠たい奴で、あいつと話をしていると眠くなる」というような人間がよくあるものです。つまり、内容のない、決まりきった人間になってしまうと、精神活動が鈍ってしまう。（『活眼活学』）

安岡正篤は人倫の道をわかりやすく説く東洋思想の現代への名解説者だといえる。先賢の知恵がよく消化され、われわれにもわかりやすい言葉となって現われる。ここでは精神を怠惰《たいだ》にさせないための工夫について、安岡のアドバイスを述べよう。安岡の書を読んでいて教えられるのは、こんな話が随所にちりばめられているからである。

まず第一は、良い師や良い友を持つことである。良い師のもとには内容のある人が集まっている。そんな人と交際すると、思いがけない示唆《しさ》や活気が与えられる。それに、できるだけ生活内容を異にした友達と交際するほうがいい。自分が知らなかった世界に目が開かれるからだ。

人間にとって一番刺激になるのはやはり人間だ。

安岡は生前多くの勉強会を主宰していたが、先賢の書を勉強することもさることながら、門下生たちに刺激になる友と交わらせるということも念頭にあったのではなかろうか。

工夫のその二は読書。それもつまらない時間つぶしや気晴らしのための読書ではなく、内面生活を豊かにしてくれる読書をすすめている。そうすることで、潜在エネルギーを蓄積することができるという。氷山は水面下に大きな氷塊を抱えていればこそ、衝突した船舶をも沈めてしまうパワーを持っている。人間も同じである。

このことについてもっと知りたい人は、安岡正篤著『東洋倫理概論』（関西師友協会）を読まれることをおすすめしたい。戦前の本であり絶版になっていて入手困難だったのを、関西師友協会で復刻したものである。これはさらに致知出版社から『いかに生くべきか』と改題され復刻出版された。

人物の見分け方

「大事難事には担当を看《み》る。逆境順境には襟度《きんど》を看る。臨喜《りんき》臨怒《りんど》には涵養《かんよう》を看る。群《ぐん》行群止《こうぐんし》には識見を看る」

これは呂心吾《りょしんご》の『呻吟語《しんぎんご》』に出てくる言葉であるが、大事難事が起こったときは、人の担当力を看るだけではなく、自分自身がどう対処しうるかと内省する意味がある。順境逆境に襟度を看るは、襟は心であり、度は度量である。臨喜臨怒に涵養を看るは、喜びや悲しみに際して恬淡《てんたん》としているとか、どんなに怒るかと思っていると悠《ゆう》揚《よう》としているなど、平生深く養っておればそれが出るということだ。群行群止とは、大勢の人間と一緒の行動をしているとき、その人の見識が現れることをいう。

（『呻吟語を読む』）

事件の当事者になるとあたふたして、なかなか適切な処置ができないものである。また喜怒哀楽が優先して冷静な判断がしにくいともいえる。しかし、こういう先賢の言葉を知っていると、「ちょっと待てよ」という気が起こり、自分を突き放して客観的に見てみようという意思が働く。客観的観測は正鵠《せいこく》を射た理解につながる。余裕は、じつはそこから生まれるもののようだ。

『呻吟語』のこの言葉は「人物の見分け方」としてよく取沙汰されるが、安岡正篤は「大事難事が起こったときは、人の担当力を看るだけではなく、自分自身がどう対処しうるかと内省する」好機だと説く。人のことではなく、自分のことだという。

これに関連して思い出されるのは、「六中観」（六九ページ参照）の言葉だ。「六中観」は請《こ》われるままに安岡がよく揮毫《きごう》した人生訓である。その五番目に「意中、人有り」とある。心の中には常に私淑する偉人や、ともに仕事をしてみたい人を持っているという意味だ。あるいは、請われれば、推薦できる人を持っているという意味でもある。

心中に私淑する人物を持っていれば、愚かなことはできないと自重《じちよう》もし、優れた人物にならって、自分も感情に任せた行為はすまいと自覚する。

この四番目には「壺中《こちゆう》、天有り」という注目すべき言葉がある。俗世間の中で忙しい生活をしていても、自分だけの世界を持ち、それを深めていくという意味だ。これも余裕に通じる話だ。短くまとめられた先賢の知恵がわれわれの人生を照らしてくれるではないか。

愚・素という人生観

東洋では、愚《ぐ》だとか、素《す》だとか、樸《ぼく》だとか、拙《せつ》だとか、こういう人間内容を非常に尊重します。近代的末梢化、つまり人間として枝葉末節に走ることを厭《いと》うからです。人間はより多く生命、すなわち実在の根本を守ろうとします。枝となり、花となり、実となり、葉となるような末梢化を避けて、より多く幹となり根となって、常に全体性、永遠性、無限の創造性を尊重し、それを体現しようとします。愚、素、樸、拙などは、こういう思想信念、したがって見識、風格を表す言葉なのです。

（『三国志と人間学』）

われわれは学校で、これらの言葉は、自分をへりくだって言う言葉だと教えられてきた。わたしも長らくそう信じてきた一人だ。だが、安岡正篤はこれは枝葉末節に走り、矮小化《わいしょうか》しやすい人間の自戒の言葉であり、全体性、永遠性を見失うまいとする願望からきているという。

愚、素、樸、拙といった価値観を受け入れ、へりくだって生きるとき、人に見えなかった全体性、永遠性が見えてくる。愚、素、樸、拙を大事にする人間は揺るがない。てらいがない。無為自然である。こういう人間こそ、真に怖い。

中山素平《なかやまそへい》という人物がいる。元日本興業銀行（現・みずほホールディングス）の特別顧問で、戦後の名だたる経済事件にはいつも顔を出し、名調整役として活躍した人だ。

その中山が、東京急行電鉄の大立者・五島慶太《ごとうけいた》と対決することがあった。興銀が融資をし育成しようとしていた企業を、五島が乗っ取ろうとしたからだ。

五島は中山に会うなり、先制パンチのように、中山の名前のことを言った。

「お前の父親は変わった人だ。自分の息子に素平、つまり〝無色透明の男〟と名づけるとはなあ」

素とは白とか無色という意味があるから、五島はそう言ったのだろう。しかし、素平の父・金三郎は素平という名を〝無色透明の男〟という意味ではなく、〝根となり幹となる男〟になれという祈りを託してつけている。

父親の祈りが通じたのか、中山は公正無私さにおいて一目置かれるようになった。問題があるところには鞍馬天狗《くらまてんぐ》のように現われ、解決したら疾風のように去っていく。「財界の鞍馬天狗」と呼ばれたゆえんである。

人徳を磨く秘訣

人物学を修める上において、もっとも大事な二つの秘訣があります。第一に古今の優れた人物に学ぶことです。われわれの同時代の優れた人物にできるだけ親炙《しんしゃ》し、時と所を異にして親炙することができなければ、古人に学ぶ。私淑する人物を持ち、愛読書（座右の書）を持つということが人物学を修める根本的、絶対的条件です。その次に、怖《お》めず臆《おく》せず、勇敢にそして己を空しうして、人生のあらゆる経験を嘗《な》め尽くすことです。その体験の中にその信念を生かし、行って、初めて知行合一的に人物を練ることができるのです。

（『続経世瑣言』）

講演先で、なぜいま安岡正篤ブームなのかとよく聞かれる。拙著『安岡正篤の世界』（同文舘、『宰相の指導者　哲人安岡正篤の世界』と改題して講談社＋α文庫に収録）は発売以来一年余にして十五版を重ねるというベストセラーになったが、読者からの手紙にその答えとなるものがあるように思う。

「自分と同時代にこんなに真剣に生きた人がいたのかと驚かされる。自分の生き方が甘かったと反省する」

「安岡先生の本を読んでみて、歴史が過去の事件の羅列ではなく、生きた教訓の数々として初めて理解されるようになった」

「これまでは偉人といわれる人びとを、自分のような凡人とは関係ないと考えていたが、そうではなく自分の研鑽《けんさん》のお手本ととらえるべきだと思うようになった」

安岡に一貫してあるのは人物学である。どの思想家が何を言い、どの本にどう書いてあるといったことではなく、その人物から何を学ぶべきかという視点が、読者を大いに啓発しているようだ。たとえば、同書にこんな一節がある。

「人物の研究はその偉大な人物の面目を伝え、魂を込めておる文献に接することです。その点、古典というものは歴史のふるいにかかっておるから力がある」

「優れた書物とはそういう優れた人物の魂を伝え、面目躍如とさせておるような書物のことです」

読書を通して手本を持ち、実人生で艱難辛苦《かんなんしんく》、利害得失を超えて人物を練っていったときにこそ、偉大な人びとに一歩近づけるというのだ。だから、人望、人徳をいかに形成するかと真剣に模索している人びとに安岡の著書が読まれるのは、当然のことだといえよう。

忘の効用

一体人間に忘れるということがあるのは、いかにも困ったことでもあるが、また実にありがたいことでもある。造化の妙はわがまま勝手な人間の到底窺《うかが》い知ることのできないものがある。老荘者流はしきりに「忘」の徳を説いているが、肩の凝りを解くものがある。ぜひを忘れ恩讐《おんしゅう》を忘れ、生老病死を忘れる。これ実に衆生《しゅじょう》の救いでもある。どうにもならぬことを忘れるのは幸福だとドイツの諺《ことわざ》にもいっているが、東西情理に変わりはない。

（『続経世瑣言』）

これは一見変哲のない文章に見えるが、「忘」に関係することで苦しんでいる人には思わぬ無明《むみょう》を解くものであるらしい。

昭和十四（一九三九）年五月二十日、ノモンハン事件で、後に住友生命社長（現・名誉会長）になる新井正明はソ連軍の弾丸で片足を負傷、ガス壊疽《えそ》にかかって切断の憂き目にあった。不具者になって帰国するくらいなら死んだほうがいい。将来を考えあぐんで、病院のベッドで悶々《もんもん》とする日が続いた。夜は夢を見る。足が元どおりになっていて、普通どおりに歩けるのだ。

〈何だ、おれは足が悪くないじゃないか〉

と思って、手をやってみると足がない。がっくりきたとたんにそこで目が覚める。起き上がれるようになって松葉杖にすがって立ち、スリッパを履こうとすると、決まってないほうの足のスリッパも探してしまう。悔しさがあとに残り、かぎりなく落ち込んでいく。

そんなとき、新井は安岡正篤の著書を手にした。そして引き込まれるように読みふけり、『続経世瑣言《けいせいさげん》』の前述の個所にきて、しばし呆然となった。片足をなくして悶悶としている自分に、「悩んでもどうにもならないことは忘れるがいい。忘れるということも、じつは天が人間に与えた能力なのだ」と諭《さと》してくれたのだ。新井はこれで目が覚めた。

ないものねだりをして過去にこだわってもどうなるものではない。それよりもそれは忘れて、あるものを駆使して与えられた今生《こんじょう》の生を精一杯生きていくことのほうが大切ではないか。新井はこれで前向きに転換して積極的に生きるようになったという。

偉大なるかな、人の子よ！　天の恵みを知りたる者よ。

人を用いる

政治の要訣《ようけつ》は結局人を知り、人を用うるの一点に帰する。いかに自ら手腕力量があって、いかに自ら出世しても、人を知るの明なく、人を用うるの徳がなかったならば、政治家として談ずるに足りない。近代政界の根本的弱点は名士がひとしく人を知らない点にある。いったん自ら顕要の地位についても、まず抜擢登用《ばってきとうよう》すべき人材を平生において物色し、締交しておらない。

（『東洋宰相学』）

安岡正篤は同じ章で、中国・宋代の政治家・張詠《ちょうえい》をあげ、彼が推挙する人物は世に処するに正しく、物を欲しがらぬ、そしてまた平気で浪人のできる人物であったという。

その張詠の人物鑑定は次のようである。

「およそ人を挙げるのは、退を好む者（浪人したがる者）がよい。退を好む者は廉謹にして恥を知る。もしこれを挙用すれば、忠節ますます堅くして失敗は少ないであろう。奔競《ほんきょう》する者を挙げてはならない。人と出世を競って奔《はし》り廻る者はよく己を曲げて事《つか》え、媚《こ》び諂《へつら》い、人に知られようとする。もしこれを挙用すれば、必ず才に矜《ほこ》り、利を好み、推薦者に累を及ぼすことが少なくない。その者自身、勝手に奔競するから、別にこちらから挙用する必要はない」

安岡は人に揮毫《きごう》を頼まれると、よく「六中観」を書いた。

死中、活有り
苦中、楽有り
忙中、閑有り
壺《こ》中、天有り
意中、人有り
腹中、書有り

その中の「意中、人有り」は、推挙できる人物をいつも心の中に秘めているという意味である。優れた人物は交友もまた優れている。自分の人品はどうかと反省するには、どれだけの人が自分の周囲にいるか、あるいは推挙に足るだけの人を育ててきているかと問うてみることである。

「論語読みの論語知らず」

「論語読みの論語知らず」と少々変わった題で話しますが、これは世の中に論語読みの論語知らずが多いといっているのではありません。人間というものは自分ではわかったような心算《つもり》でも、案外わかっておらないものだということを、自分の体験を通してお話ししようと思うのです。

（『論語の活学』）

安岡正篤は「論語読みの論語知らず」を他人を非難する言葉としてではなく、自分の迂闊《うかつ》さを恥じる言葉として、使っていることに驚かされる。そして七十歳を超えた碩学《せきがく》の、肩肘張らない境地が感じられて、こっちもいつしか謙虚にさせられる。だから、「安岡先生のもとには何時間でも座っていたかった」と往時を述懐する稲山嘉寛《いなやまよしひろ》元経団連会長の言葉にも、そうだっただろうなあと素直にうなずかされる。

安岡はこのくだりで一高・東大で師事していた沼波瓊音《ぬなみけいおん》教授のことを述べている。沼波教授の晩年、だいぶ容態が悪いと聞いて、安岡は見舞いに行った。親しい師弟の間柄なので案内も乞わずに、一人で病室まで入って行った。沼波教授は床の中で本を読んでいたらしく、安岡が訪ねてきたのを見て読書をやめ、そっと枕元に本を入れた。

「いまのは何の本ですか」と問うと、沼波教授は小さな『論語』の本を取り出した。

「へえー、『論語』をお読みですか」と安岡が不思議そうな顔をすると、沼波教授はこう答えたという。

「わたしも長年書物を読んできたが、この年になってこうして病床に臥すと、しみじみ『論語』が読みたくなった。そこで気が向いたところをあちらこちら読んでいるんです。ところが読んでみると、こんなことが書いてあったかと、何だか初めて読むような感慨にふけっているのです。

いったい自分はいままで何を考え、何を読んできたのか、自分のいままでは雲をつかむようなものではなかったかと反省させられています。じつに味わいが深い。わたしはこの年になってやっと『論語』がわかるような気がしてきました」

三十歳そこそこの元気盛りの安岡には、なぜか沼波教授のこの述懐が印象深く残った。そして、彼自身、いつしか沼波教授の年齢になってみると、あのときの述懐がしみじみ思い起こされるのだという。『論語』などの経書は、やはり折に触れて読むべき本なのだ。

天に対する人間の使命

人は常に己を虚しうして造化に参《まじ》わらねばならぬ。試みに進化論によって生物発展の迹《あと》を探ねても、哲学によって認識の理法を考えても、宇宙人生は自己を実現しようとする絶対者の努力であり、森羅万象ひとしくその顕現にほかならぬことは明らかである。ゆえにこの絶対者の努力を「造化」という。森羅万象《しんらばんしょう》のなかにこの造化をもっと端的霊妙に現すものは人である。造化は人を通じて心を発《ひら》いた。心は人の心であると同時に、造化の心であって、造化は心によって自ら「玄」より「明」に化し、人は造化の一物に過ぎずして、しかもこの心によって、またそのままに造化なのである。人がもの思うのは即ち造化がもの思うにほかならない。

（『東洋倫理概論』）

かなり難しい概念が連なるが、安岡正篤の思想の核心なので、あえて長文の引用をした。引用文をここで切らなければならないのは苦痛だ。本当は『東洋倫理概論』（関西師友協会）の緒論を読まれるようおすすめしたい。わずか七ページほどの分量だが、読んでも読んでも味わい尽くせない。

安岡の宇宙観の核心は、次のように要約することができよう。
①宇宙人生は自己を実現しようとする絶対者の努力である。
②森羅万象は、人間も含めて、等しく絶対者の顕現にほかならない。
③絶対者の造化を端的霊妙に現わすものは人である。
④絶対者は人間を通して心を発いた（絶対者は人間を通して、自ら〈玄〉から〈明〉に化した）。
⑤人間の心は人間の心であると同時に、絶対者の心でもある。
⑥造化は自己実現しようとする絶対者の努力である。
⑦森羅万象の生々化育がとどまることがないのは、絶対者の属性がそうだからだ。
⑧その絶対者を見失うことがないかぎり、人間も無限に向上発展してやむことはない。

東洋思想は「天」という上位概念を持っており、人間は「命《めい》」に目覚めることによって、その「天」に相対できるようになると説く。命に目覚めるとは、解脱《げだつ》することであり、悟りを開くことである。だからこそ、「人は常に己を虚しうして、造化に参《まじ》わら」なければならないのである。『東洋倫理概論』は安岡の最高傑作の一つで、必読の一冊だといえよう。

独りを慎む

ある時、お国自慢の話が出て、島津斉彬《なりあきら》公が、私のところには各藩を見渡してもちょっと得がたい偉い人物が家来の中におるといわれた。松平春嶽《しゅんがく》公が、かねて承《うけたまわ》る何家といわれる名門の出身かといって聞くと、いやいやそんな身分の者ではなく、もっともっと軽輩ですという。それではよほど非凡な知識や技芸を持った者かと聞かれたら、いやいや頭は私の方がよいくらい、別にこれといった才能もありはしませんと。それではどうして偉いんですかと聞いたら、斉彬公が、さすがに斉彬公は名君だと思いますね、この人物はそういう区々たる知識や才幹ではなくて、実に偉大なる仁者でありますと言われたのです。

(『人間学のすすめ』)

幕末の島津家の藩主・島津斉彬が名君の誉《ほま》れ高い福井藩主・松平春嶽に、西郷隆盛のことを話しているところである。島津斉彬は江戸藩邸において、西郷をもっとも接しやすい立場であるお庭番として使い、斉彬の使者として他藩の重鎮へ使いに出した。西郷が幕末の要路に知られるようになっていくのはこれからである。

しかし、文久二（一八六二）年、西郷は斉彬の跡を継いだ藩主・忠義《ただよし》の後見として実権を握る島津久光《ひさみつ》の怒りを受け、徳之島、沖永良部《おきのえらぶ》島に二度も島流しにあった。三十五歳のときである。中央では坂下門外の変、寺田屋騒動、生麦事件が起き、翌文久三（一八六三）年には八月十八日の政変、七卿《しちきょう》の都落ちなどが起きた。攘夷《じょうい》論者が次々に失脚し、尊皇《そんのう》の雲行きさえ怪しくなっていた。西郷は気が気ではなかったはずである。ところが西郷はじたばたしなかった。

責めを甘んじて受けた。獄舎はわずか二坪、四面荒格子で囲まれた粗屋である。合計六年に及ぶ流島の間、西郷はここでひたすら書を読み、黙座し、修養した。『春秋左氏伝』『孫子』『伝習録』『洗心洞箚記《せんしんどうさつき》』『言志四録』『嚶鳴館遺草《おうめいかん》』『李忠定公奏議』『陳龍川《ちんりゅうせん》文鈔』と読み進んだ。横目付として西郷を監視していた土持政照《つちもちまさてる》は、いついかなるときに巡察しても西郷は泰然自若として静坐黙究していた、と舌を巻いた。

「君子は独りを慎む」というが、西郷の場合、そうだった。だから再び禁を解かれて中央政界に復帰したとき、ひとまわりもふたまわりも大きくなっていた。江戸城開城、大政奉還、版籍奉還など、すべて西郷がいなければ政局は動きようがなかったのである。

閑に耐えることができるかどうか。独りを慎むことができるかどうか、である。

逆境は人を鍛える

「君子は必ずその独《どく》を慎むなり」（『大学』）

独の意味に二つあります。一つは他に対する「孤独」の意味。いま一つは「絶対」。「独立」とは他国の支配を受けず、その国家が「絶対者として立つ」ことです。だから「慎独」とは「孤独の自分」ではなく、「絶対的存在」の意。人が見ていようが見ていまいが、自分自身を絶対化することを「慎独」といいます。（『人物を創る』）

閑職に追いやられていた立場から、昭和五十五（一九八〇）年、リコーグループの中核企業である婦人服の専門店・三愛の社長に返り咲き、見事その再建をやってのけた田中道信《たなかみちのぶ》の波瀾の人生は、われわれに多くのことを語っている。田中はリコーグループのトップセールスマンから四十一歳で取締役に抜擢されたが、創業者・市村清《いちむらきよし》の死とともに社内抗争が起き、昭和五十一（一九七六）年、左遷されて閑職に追いやられてしまった。

猛烈社員の田中は、業務と接待で毎晩午前様、まともに休んだのは正月だけという生活だったが、突然の自宅待機で、まったく時間を持て余してしまった。悶々とした日々が続いたが、やがて気を取り直して取り組んだのは読書だった。

そのとき一番感銘を受けたのは、沢木興道老師の著書である。地位も名誉も家も持たず、「家なし興道」と呼ばれた沢木老師は、ただいまを生きることの大切さを説いていた。

「人間、いま、ここに生きていることが大切なのだ。過去がどう、先がどうといちいち考えているようでは神経衰弱になる」

禅では「只管打坐《しかんたざ》」という。坐禅するときはひたすら坐禅し、仕事や勉強をするときは、ただ一つのことに集中せよということである。

それ以来、いっそう読書に打ち込み、修養した。その田中に再びお呼びがかかったのは、三愛が婦人服専門店ナンバーワンの座から五位に滑り落ち、さらに無配に転落したことからだ。

「このジリ貧を救えるのは田中しかない」

そんな声に推されて復帰し、再建を果たしていく。もし、田中が閑職に追いやられていたとき、落ち込み、ふてくされていたら、今日の田中はなかっただろう。独りを慎むことがどんなに尊いか――こんなところにも生きた例がある。

君子は必ず自ら反る

一体、人間の存在は、本当の自分に反《かえ》って自分を役立てる、ということの上に立たなければ、空々寂々であります。藤樹《とうじゅ》先生がことに研鑽された『孟子』の中の名高い一語にも、「君子は必ず自ら反る」と言っておる。まず自らが自らに反る、自分が自分に反る。そこからはじめて本当の生が生ずるのです。

（『人間学のすすめ』）

通常の日常生活では「自分が悪かった！」となかなか言うことはできない。しかし、できた人間と世俗の人間の分かれ目は、この辺にあることを知らなければいけない。

仕事で相手にミスがあり支障をきたしたとしよう。そのことを咎《とが》めると、普通は言を左右にして責任を認めたがらないものだ。勢いこちらの語気も荒くなり、詰問することになる。相手はしぶしぶ非を認めるが、心では決して認めていない。だから、陰にまわって、あの人はこうだと陰口を叩くことになる。

では逆に、相手が非を認めた場合を考えてみよう。そうなると、人間の性《さが》としてそれ以上の追及はしない。それどころか、同じ過ちを繰り返さないために、当方も連絡を密に取り合おうとかの改善策が提案される。また、感情的トラブルには発展しない。相手方からは「あの人はものわかりのいい人だ」と評価されることになる。功利的に考えてみても、非は非として認めて反省する人には、多くの余禄があることがわかる。

「君子は必ず自ら反る」に通じるものとしては、『菜根譚』にこんな一節がある。

「成功、常に苦辛の日に在り。敗事、多く得意の時に因《よ》る」

舞い上がって自分を見失うと、大変な失敗をしでかしてしまう。自らに反ることがあれば、事が破れることはなかっただろう。

明の崔後渠《さいこうきょ》の「六然訓」の最後の二句も、これに通じる言葉だ。

得意澹然《たんぜん》
失意泰然

（得意のときには、かえって無欲で安らかに構えておこう。失意のときは、それを表情に出さずむしろ泰然と構えておこう）

自ら靖んじ自ら献ず

人間学の第二の条件は、こういう精神・学問を修めることによって、「自ら靖《やす》んじ、自ら献ずる」ということである。平たく言えば、内面的には良心の安らかな満足を得、それを外に発しては、なんらかの意味において、世のため、人のために自己を献ずるということである。

（『知命と立命』）

「自ら靖んじ、自ら献ずる」ということに関し、山田方谷《やまだほうこく》は、備中松山藩《びっちゅう》の重臣の一人が自分の出処進退について真剣にたずねたことに対して、こういう手紙を送っている（紙幅の都合で要約するが、詳しくは拙著『人生の師父 安岡正篤』〈同文舘〉に引用しているので、興味のある方はそれも参照されたい）。

「役所で相談されたときも、お手紙をいただいたときも即答しなかったのは、自分のことはそうそう人に問わないで、もっと検心の工夫をしていただきたかったからです。

人が知りうるのは外形だけで、心がどうかということはわかりません。だからこそ自分でどうすることが義かと問うことが必要なのです。あてにならない客気が消えているか。人に勝とう勝とうとする気持ちが消えているか。人の癇《かん》に触《さわ》るような気持ちが残っていないか。保身は考えていないか……黙って自分の心を調べてみなさい」

　そう前置きして、山田方谷は検心の工夫には『書経』の「商書」の中の「自《じ》靖《せい》自《じ》献《けん》」ほど適切な教えはないと説く。

「ただ古典のこういう言葉は、簡単で含蓄が深いので、なかなか容易に解釈し会《え》得《とく》することはできません。客気ももはや消え、勝心も止み、癇に触る気持ちも去ってこそ、自靖の靖の字を実践することができます。ただ公あることを知り、私心を去り、地位・職分に応じてよく真心を尽くせてこそ、自献の献の字もよく実行できるのです。

　私がただちに返事しないで今日まで引き延ばしてきたのも、あなた自身の検心の工夫がよくここに至ってほしかったからです。工夫がここまで至っておれば、進むのもよし、退くのもよし、外形に囚《とら》われる必要はありません。どうするにしろ古人の教えに合致するでしょう。私が何を申し上げるまでもなく、あなた自身でよく決定できることです」

　これ以上の説明がいるだろうか。われわれはよき先人を持ったものである。

第三章　知命と立命

天に棄物なし

「天に棄物なし」という名言がある。いわんや人間において棄人、棄てる人間なんているものではない。自分というものを知らないものだから、いわゆる心を尽くし、己を尽くさない。「命」を知らないものであるから、せっかくの人間に生まれて一生を台無しにする。

（『知命と立命』）

伝記作家の小島直記《こじまなおき》がガンの再発で苦しんでいた。「新潮45」平成三（一九九一）年「鬼よ、笑え」にその模様が書かれていたが、その最終回（十月号）は圧巻である。小島は二十五年前（一九六六）、日本経済新聞に「日本さらりーまん外史」を連載した。そのとき、住友の中興の祖・伊庭貞剛《いばていごう》のことを書いた。

伊庭は四十八歳のとき、「死」を覚悟して、住友が経営する別子《べっし》銅山の争議をおさめるために、新居浜《にいはま》に行く。そのとき、手中にしていたのが、『臨済録』である。鉱山労働者の荒くれ男を相手にしての交渉は難航をきわめた。伊庭は交渉のかたわら、夜は『臨済録』を読んだ。難しい。まるで歯が立たない。それでも不退転の決意で読んだ。

そしてある日、電光のごとく閃《ひらめ》き、「これだ！」と叫んだ。

それから、もつれにもつれていた争議が解けていく。小島はその逸話を「日本さらりーまん外史」に書いた。しかし、若いときの小島はその一節までは書き及ばなかった。

それから二十五年。死に直面したベッドの中で、小島はそのことが気になった。伊庭が強烈な感動を得たのはどこだったのか。『臨済録』を子細に読んでその個所を特定し、そのときの伊庭の心を推測すべきではなかったか。絶体絶命の病床で、再び小島は『臨済録』を読み出した。そして全身がバイブレートする個所にいきあたった。

「伊庭さんが出合ったのはここに違いない！」

確信が貫いた。

「随処に主となれば立処皆真《りっしょみなしん》なり」

その発見と悟りによって、小島自身もまた、「恐怖におののく『患者』から、生きる喜びとありがたさに支えられ、まっすぐに立つ『人間』に戻った。ここにこそ、病苦との訣別があった」と書いている。「天に棄物なし」という。たとえ絶体絶命の病気からさえ、人間は回天の悟りを開き、天空へ飛翔《ひしょう》する。ああ、霊妙なるかな人間。

命を知る

「生」の字になぜ「命」という字を付けるかというと、われわれの生きるということは、好むと好まざると、欲すると欲せざるとにかかわらない、必然であり、絶対的なものです。

「おれはどうして生まれたんだろう」というのはナンセンスです。それは個人の妄想にすぎない。西洋哲学でいうと、アブソルート、先天的、あるいは絶対的なものである。そこでその絶対性、必然性、至上性、それを表すに「命《めい》」というものを以《もっ》てして、生命というのです。

（『知命と立命』）

これは安岡正篤が、「命を知らざれば以て君子たること無きなり」（『論語』尭曰篇《ぎょうえつ》）の解説の中で述べている言葉である。自分の人生に「絶対性」「至上性」を感じるとき、人間は不退転の決意を持つ。それまではどうしても上司や権力者の言いなりになり、深い自覚もないままに、酔生夢死のごとく人生を浪費してしまうものだ。

その弱い人間が、決然として悟るのは、死に直面し追い詰められ、絶体絶命の境地に陥ったときである。不治の病や危うく一命を取りとめた事故などがそうした覚醒の契機になる。

元日経連副会長、社会経済生産性本部会長、住友電工相談役の亀井正夫（平成十四年六月歿）もそうした経験を持つ一人だ。

昭和二十（一九四五）年八月六日午前八時十五分、広島で原爆が炸裂した瞬間、亀井は爆心からわずか三、四百メートルしか離れていない広島城内大本営跡の将校宿舎にいた。青白い閃光《せんこう》が走るのを見た瞬間、ものすごい爆発音とともに吹き飛ばされた。頑丈な建物も一瞬のうちに瓦解《がかい》した。血みどろになりながら、やっとの思いで這い出してみると、そこは阿鼻《あび》叫喚《きようかん》の巷だった。外にいた女子挺身隊の人びとは吹き飛ばされ、頭がつぶれ、腕を折られて、ごろごろ転がっている。亀井も頭の毛が抜け、のどが痛み出血に苦しんだ。同僚はどんどん死んでいく。高熱にさいなまれる。亀井も生を断念せざるをえなかった。

そんな中で奇跡的に助かったのである。「与えられた人生」を実感した。「ならば、この人生を国家再建に捧げよう」。亀井の人生はそこから始まった。のちに、国鉄再建監理委員会委員長として、当時最大の懸案だった国鉄民営化を果たしえたのも、亀井にそういう経験からくる「知命」の自覚があったからである。

命を立てる

だいたいどんな哲学や科学でも、究め尽くしていくと、必ずそこに絶対的、必然的なものがある。そこでこれを「天命」という。自然科学はこの天の「命」、即ち必然的、絶対的なるものを、物の立場から研究、究尽《きゅうじん》していったものである。哲学は哲学、宗教は宗教、それぞれの立場から天命を追求して、これが天命であるというものをいろいろ立てていく、これが「立命」である。

（『知命と立命』）

経団連会長、第二臨調会長などを務めた土光敏夫《どこうとしお》は、じつは惨憺《さんたん》たる学生時代を送っている。旧制中学受験に三度失敗し、東京高等工業学校（現・東京工業大学）にも一度失敗し、二度目で合格している。いわば人生の緒戦において敗退した人物だ。その土光の言。

「失敗は失敗でなく、一つの道ゆき、経験だと考える。失敗してはいかんと思うと萎縮する。そうではなく、失敗してもいい、失敗してもそれを肥《こ》やしに取り返す、前以上に盛り返すと考える。投げ出したらいかん。それが一番悪い」

土光は捲土重来《けんどじゅうらい》を果たし、東京高等工業学校に一番で合格した。

『孟子』の一節。

「天の将《まさ》に大任をこの人に下さんとするや、必ずまずその心志を苦しめ、その筋骨を労せしめ、その体膚《たいふ》を飢えしめ、その身を空乏《くうぼう》にし、行うことそのなさんとするところに払乱せしむ」

　誰でも失敗したときは意気消沈し、自分のうちに閉じこもりがちだ。そのとき、これは天の思うところあっての配慮に違いないと思えば、「失敗も経験の一つだ」と、ポジティブに考えられる。余裕さえ生まれてくる。物事が客観的に見詰められるようになる。そして、どうしたらそれを乗り越えることができるかと対策が立てられていく。

　人間、上等な人生を送るためにも、天や神に目覚める必要がある。

　天命を知り（知命）、命を立てる（立命）ようになるとき、人間は自分一個の存在を超えた人生を歩むようになる。そこにはもはや「おれが、おれが」という自己主張もなく、責任を他人に転嫁することもない。

「士は将に己にあるものを恃《たの》むべし。動天驚地極大の事業も、またすべて一己より締造す」（『言志四録』）のとおり、威風堂々の人生が始まるのだ。

「地の塩」たる人びと

「軽薄な言葉、浮薄な行為の絶えぬ、騒々しい世のつまらなさを観ずれば、思考は好んで沈黙の偉大な王国に向かう。高貴な静かな人、それは処々に散在し、それぞれ自己の本領に生きる。静かに考え、静かに行い、新聞に載ることもない人々！　それは誠に地の塩である」（T・カーライル）
　時代の悪風――今日の子どもは物を知ろうとはするが、教えを受けようとする気持ちがなくなった。
（『憂楽秘帖』）

T・カーライルの言葉を引いて、安岡正篤は「地の塩」たる人びとの大切さを説く。またそれにかけて、沈思黙考の大切さを説く。カーライルは十九世紀のイギリスの思想家で、その回心経験を小説形式で書いた『衣裳哲学』は多くの人びとに影響を与えている。
「地の塩」で想起する人物がいる。青森県小湊《こみなと》に近い山の中に住む仙人だ。名前は田澤康三郎《たざわやすさぶろう》。松緑神道大和山《しょうろくしんとうやまとやま》の教主である。おそらく読者は田澤の名前も教団の名前も初めて耳にされるだろう。宣伝もしなければ布教もしない。もちろん、新聞雑誌に載ることもないからだ。

田澤は東京帝国大学文学部宗教学科の助手だったが、思うところあって研究生活を捨て、昭和二十一（一九四六）年、三十二歳のとき父の住む青森の山中の炭焼き小屋に入った。父の指導に従って滝に打たれての修行と晴耕雨読の毎日。自分を深化し、神に近づこうと努力した。学問としての宗教が自分の身を修める宗教に変わったのである。教勢を伸ばそうとか、教団経営をどうしようとかの関心はなかった。ただ本物になろうと努めるだけだった。

西田《にしだ》天香《てんこう》は、「光るナイフは捨て置かれることはない」と言った。田澤の場合も同じだった。いつしかその人徳が知られるようになり、人びとが慕ってくるようになった。そして田澤といっしょに住む人が出てきて集落ができた。その子弟のために、高校も建てられた。

田澤は宗教団体の教主とはいえ、着る物は印半纏《しるしばんてん》と擦り切れたズボンだけだ。宣伝とイメージの時代と言われるけれども、青森の山の中から動こうとはしない。だから人びとが青森の辺鄙《へんぴ》な土地まで来るようになった。人びとは山の中で生気を得て、再び都会での生活に帰る。「有名無力、無名有力」を地で行っている人である。

運命と立命

われわれ人間は、不幸にして生まれつき病弱であったらだめであろうか。生まれつき鈍才だったらまただめか。家が貧乏だったら、これもだめか。なにかと生活のために多忙だったら、まただめか。そんなことはその人間次第でどうにもなることだ。運命というものもあるが、それは俗人にはわからない。俗衆のいう運命は宿命のことだが、その宿命のなかに、立命というものがあることはいうまでもない。

（『人間を磨く』）

『人間を磨く』は安岡正篤が「師と友」誌の巻頭言に書いたものを集めて一冊にしたものである。「師と友」の巻頭言集はほかにも『憂楽秘帖』（全国師友協会）として出版されている。「寸鉄、人をさす」という言葉があるが、安岡の文章は長短にかかわりなく、胸に突き刺さるものが多い。

『人間を磨く』の序文に、元全国師友協会常務理事の林繁之《はやししげゆき》が、とある神社の境内を散策しながら安岡が語ったこんな言葉を紹介している。

「人間を動かすのは長ったらしい論文ではない。くどくどといくら説教しても、人間は更生しはしない。片言隻句《へんげんせきく》で足りるのだ。それも心に染みるものでなければならないのが原則である。生きた苦悩を悟り、心に閃く真実の知恵、体験と精神の凝結した叫び、そこから見識が養われるのである」

安岡には「知命」「立命」に言及した文章が多い。安岡は受動的な宿命論は採らない。宿命は認めるものの、知命・立命によって人間の運命は切り拓いていくことができると説く。前頁に引用した文章でも「立命」というものがあると強調している。

この文章の後段で、安岡は、先日盲目の客が来て、「わたしはヘレン・ケラー女史の伝記で救われました」と言い、その経緯を聞いて感動したと書いている。盲目の人がわが身の不幸をはかなむのは十分理があることかもしれない。しかし、この人はそこから発奮し、人に感動されるような人生を歩いた。悲嘆に暮れる運命だったのかもしれないが、「立命」によって自分の人生を切り拓いたのだ。安岡は言う。

「人間は元来天物であり、神秘であり、俗衆にははかりしれないものがある」

人間は、われわれが考えるほど弱い存在ではない。胸深く強靭《きょうじん》なバネを備えていて、必ず立ち直る。だから、魯鈍《ろどん》であることを嘆くことなかれ。ただ命に目覚めているかどうかだけを問おう。

無限なる可能性

人間の生命というものは、全きもの、無限にして永遠なるものです。その偉大な生命がなんらかの機縁によって、たまたま一定の存在になり、一つの形態を取るのです。われわれ人間が存在するということは、すでに無限の限定である、無限の有限化であることを知る必要があります。この有限化を常に無限と一致させるということが真理であり、道理であり、道徳であります。

（『運命を開く』）

安岡正篤は無限にして有限なもの（太極）が有限化して、一つの形態を取ったものが人間だという。個々の人間存在の背後に、儒教でいう太極、キリスト教でいう神を見ていたのだ。これが安岡を通俗的な儒家から大きく隔てていたものである。

したがって、道を求め、自己を研鑽し、かぎりなく天に近づこうとすることは、有限化された自分をその大本である無限（太極、神）にかぎりなく一致させることだ。こう意識し精進するとき、人間はもはや肉体に限定された小さな存在ではなく、無限の可能性を秘めた神のような存在になる。

おごり高ぶった気持ちからそういうのではなく、神のように全《まった》き存在になろうということが自分に課せられた使命、もっと言えば「天命」として感じられるようになるというのだ。

ここでおもしろい符合性に気づく。キリスト教に哲学的基礎を与えたといわれるパウロが、同じようなことを言っている。「コリント人に宛てた手紙」の中で、

「あなたがたは神の宮であって、神の御霊《みたま》が自分のうちに宿っていることを知らないか」(『新約聖書』)

と書いている。パウロは生身の人間を指して、「神の宮」だと言い、「神の御霊が宿っている」と言った。修行すればとか、精進すればというように、仮定法未来形で述べているのではなく、「神の御霊が自分のうちに宿っていることを知らないか」と現在形で述べているのだ！

これは大きな意味がある。われわれは自分の中にすでにある神を顕現させる努力をしなければいけない。それがわれわれの責任なのだ。人間は自分の責任において自己を創造する。だから、人間は自己自身を創造するという意味において、神の天地創造の最後の一ページを担当しているとさえいえる。この一点において、人間は他のいかなる存在とも異なり、被造物でありながら創造者（神）の一員に加わるのだ。

天を相手とする

かく命を正しく解して、自ら省みて人をとがめず、棺を覆《おお》うてこと定まる——否、それよりも天を相手として努力することを「知命」「立命」という。命を知り命を立つる人を「みこと」といって、「命」という字を適用する。かくのごとき人こそ尊い人であるから、みことをまた「尊」とも書く。日本人の祖先はみな命であり、尊であった。

（『新編経世瑣言』）

「自分の命を知る」「命に立つ」ことを、安岡正篤は「天を相手にして努力すること」と喝破《かっぱ》した。確かに「命」とは天を意識したところから生まれてくる自覚である。だから実行においては、人の目を気にせず、ただ天を相手にすることになる。

明治維新の実質上の産みの親、西郷隆盛は自分の資質を練るのに、日頃から『言志《げんし》四録《しろく》』を読んでいた。そしてその中から、西郷の琴線に触れるもの百一を抜き書きして、『西郷南洲 手抄言志録《さいごうなんしゅうしゅしょうげんしろく》』を編んでいる。明治七（一八七四）年六月、征韓論が維新政府に受け入れられないとみるや、西郷は鹿児島に帰り、私学校で子弟を教えたが、そのとき、これをテキストとして使っている。この冒頭の四番目に『言志四録』からこんな言葉が引いてある。

「凡《およ》そ事を作《な》すは須《すべから》く天に事《つか》うるの心あらんことを要すべし。人に示すの念あらんことを要せざれ」

西郷の人品の高さ、大きさには驚嘆するが、こんな言葉も残っている。

「人を相手にせず、天を相手にせよ。天を相手にして、己を尽くし、人を咎《とが》めず、わが誠の足らざるを尋ぬべし」

この心の工夫をもって事に臨むとき、「随処に主となれば、立処皆真なり」（『臨済録』）の状態に至ることができるというのだ。環境に左右されず、その場その場で主人公となることができるようになると、自分がいるところはみな真実の場所となり、いかなる外的条件にも左右されなくなる。しかり、である。

佐藤一斎《さとういっさい》は晩年に書き著わした『言志耋録《てつろく》』に、天に仕えるとはこういう姿勢のことだとも書いている。

「自ら欺かず、これを天に事うという」

こういう自覚で仕事をする人びとは、おのずから一隅を照らすようになり、強《し》いては国をも遍《あまね》く照らすようになる。

第二の誕生

儒教によれば、われわれの心の根底には、たとえいかなることがあっても屈せず倦《う》まず努力し精進せよという無声の命令が厳乎として存在している。この自己内面の至上命令に率《したが》うのがすなわちわれわれの「道」で、かかる道を明らかにして、われわれはいかに行為すべきか、いかなる心情を持つべきかの自覚を与えていくのがすなわち「教」である。換言すれば、われわれの心に内在する至高絶対の天命は、これ実に疑わんと欲して疑うことのできない明らかなる徳である。学問の要は畢竟《ひっきょう》この「明徳」を発揮するゆえんの道理を自覚体認することでなければならぬ。（『王陽明研究』）

人生とは、学問や仕事や出会った人びとを通して、「自己内面の至上命令」を発見し、その実現に向けて努力することではなかろうか。古書が「命を作《な》すはわれにあり」というのは、その後段を指していっている。そしてめぐり合った学問や仕事、出会った人びととは、まさに天の配慮からくるもので、縁は尊ぶべきであり、大切にすべきものである。安岡は人に頼まれると、好んで、「縁尋機妙《えんじんきみょう》」（よい縁がさらによい縁を尋ねて、その広がりゆくさまは不思議なほどである)、「多逢勝因《たほうしょういん》」(優れた因縁に多く逢う)、あるいは「勝因」(勝れた因縁)と揮毫《きごう》したのは、人知を超えた天の配剤を知っていたからではないかと思う。

人間は人間の子として生まれただけでは、まだ本当の「人間の子」とはいえない。生物学的には人間だが、本当の人間になるためには、もう一度、「第二の誕生」を経なければならない。「第二の誕生」をしなければ、虚しく人生を送ってしまうのだ。この「第二の誕生」が、天命に目覚めることなのである。

では、どうしたら、「第二の誕生」をすることができるのだろうか。

「電力の鬼」といわれた日本の電力会社の産みの親・松永安左エ門《まつながやすざえもん》は、人が人になるためには、闘病生活、投獄生活、浪人生活のどれか一つを超えなければならないと言った。人間は切羽《せっぱ》詰まらなければ身に染みて学ばない、ということの言葉を変えた表現だ。それほど頑迷固陋《がんめいころう》なのである。

四十六歳でガンで亡くなった鈴木章子さん(北海道・西念寺の堂守)が、「悲しみを通さなければ見えてこない世界を、やっと知ることができました」と、感謝して死んでいったのは、そのことに通じる。しみじみと訴えかけてくる言葉である。

天地発して人間の心となる

人間の心というものは、天地・自然が人間を通じて立てたものである。天地・自然は何億年、何千万年かかっていろいろな動植物をつくってきて、最後に人間をつくった。その人間が五十万年もかかって、高邁《こうまい》な精神的存在、すなわち心を発達させ、人間らしくなった。したがってわれわれが心を持っておるということは、言い換えれば、天地が心を持っておるということだ。われわれの心は天地の心だ。天地が発してわれわれの心になっている。

（『人間学のすすめ』）

安岡正篤の世界観の中でもっとも教えられ諭されるところである。試みに部屋の明かりを消し、端坐瞑目《たんざめいもく》して宇宙の光を浴び、静かに天とわれ、われと万物の関係に思いを馳《は》せるとき、厳粛な気持ちに導かれていく。そして、ここに人間として生を受けることができたという事実に、かぎりない感謝の念が生まれてくる。努力したわけでもないのに、なぜか万物の霊長たる人間として生命を受けている——。

人間は人間一個の存在ではない。その背後には数千万年かかって進化してきた動植物がある。進化の最後に生まれた人間は、さらに心という精神的存在を発達させて、万物の霊長たる装いを徐々に整えつつある。天地が発してわれわれの心となっているのだ。したがって、人間は自分一個の人生に責任を持つだけでなく、万物すべての長として行動しなければならない――。

このことは民族の生命に対しても言える。わたしは無窮《むきゅう》なる日本民族の流れの中に生かされている一人である。よくも悪くも自分の中に脈々と流れているその流れは否定できない。

木は個別に存在するとき、必ず桜とか杉とか檜《ひのき》という特殊な現われ方をする。人間も地上に生を受ける場合、必ずイギリス人かアメリカ人か日本人かという個別的で特殊な現われ方をする。つまり〝私〟という人間は日本という歴史文化を離れて育つことはできない。

先にわたしは「無窮なる日本民族の流れ」と書いたが、民族の存続が自動的に保証されていると思うのは、思いあがりもはなはだしい。民族の生命は、何の感激ももよおさなくなったとき、消えていく。わたしという存在は民族に感激性を賦与《ふよ》することができるかどうか。人がその生涯をかけて挑戦しなければならないのはこのことではなかろうか。

自分を知る

人間にとって根本のことは、われわれがなにをなすかということではなくて、なんであるかということを発見することである。これは東洋も西洋も同じことであって、西洋でも立派な哲学者はつとにこれを解明しておる。名高い言葉に、how to do good（いかに善をなすか）ということよりも、how to be good（いかに善であるか）ということの方が大事だというのがある。人間の第一義はなにをなすかということではなくて、なんであるかということである。

（『人間学のすすめ』）

含蓄《がんちく》に富んだ言葉である。一日反芻《はんすう》していても味わいつくせない言葉だ。人はよく、この世に生まれたからには名を成そうとして、一所懸命働き、事を成し、そのことゆえに人から称賛されたいと思う。それはそれで立派な人生だが、どうも足元の根本事実を忘れているのではなかろうか。

誤ってはならないのは、人は社会的に何かを成したから偉いのではなく、その人に与えられている生命自体が尊いのだ。だから自分の生命の根源である「天」をどこまでも究めていくと、おのずから自分の生命に託されている「願い」に到達せざるをえない。

職業は豆腐屋であるかもしれない。タクシー運転手かもしれない。しかし、天を知り、命に目覚めた人のやる仕事は底光りするようになる。仏教でいう「天上天下唯我独尊」という境地もそこから生まれてくるのだ。

安岡正篤は『人間学のすすめ』で、江戸前期の岡山藩の陽明学者・熊沢蕃山《ばんざん》のことに触れ、この引用文の一節を述べている。蕃山も宇宙・人生がわからず悶々とする時期があった。そのために、四書（『大学』『中庸《ちゅうよう》』『論語』『孟子』）を読み始めた。自分が何者であるかを知りたかったのである。すると朝の光が差してきて万象が次第に形をなしてくるように、道の学問を通して、自分が見えてきた。目覚めてみると、自分がいかに恵まれた存在かを知り、天地万物に感謝するばかりだった。

蕃山の言葉に、「世の中に何も迹《あと》を残さず、名も残さず終わりたいものだ」とある。ある点に到達した人には、もはや「おれが、おれが」という自己主張の世界は消えていくもののようだ。人間にではなく、天にしっかり覚えられているという自覚が喜びとなっているのだ。

天と人間

宇宙の本体は、絶えざる創造変化活動であり、進行である。その宇宙生命より人間が得たるものを「徳」という。この「徳」の発生する本源が「道」である。「道」とはこれなくして宇宙も人生も存在しえない本質的なものであり、これが人間に発して「徳」となる。その本質は「常に自己を新しくする」ことである。(『人物を創る』)

「徳《とく》」というものは人間が刻苦勉励して身につけた人格的能力のことだとばかり思っていたら、安岡正篤は違うと言う。それは人間の側における努力であって、その前に、授けようとしている宇宙生命が存在するという。したがって、「道」も人間の社会を住みやすくする単なる道理ではなく、それなくしては宇宙も人生も存在しえない根本原理だという。それが人間に発現して「徳」となるというのだ。

ここでも、人生と宇宙生命とは密接にかかわっている。人間が人間として目覚め、徳を積み、万物の霊長という名に恥ずかしくない社会を築くためには、宇宙生命、すなわち天と一体化しなければならないのだ。キリスト教学者は、儒教・東洋思想は上位概念（神・天）が欠落しているというが、決してそんなことはない。むしろ、汚辱《おじょく》にまみれた人間は天に出会うことなしに解脱《げだつ》することはないと説いている。

この文章の続きで安岡は、宇宙の本質は「常に自己を新しくすることである」と説いている。宇宙自身に自己革新の息吹《いぶき》があるのだという。

「殷《いん》の湯王《とうおう》の盤銘《ばんめい》にいう『苟《まこと》に日に新たに、日々に新たに、又日に新たなり』という言葉は、宇宙万物運行の原則であり、したがって人間世界を律する大原則でもある」

人間が宇宙生命に触れている限り、地下水によっていつも満々と水をたたえている井戸のように、活力は失《う》せることはない。

西行法師にこんな和歌がある。

わずかなる庭の小草の白露を求めて宿る秋の夜の月

新渡戸稲造《にとべいなぞう》がこよなく愛唱した和歌でもある。数百万、数千万人の小さな生命にも、一人ひとり神が宿っている——。新渡戸は皓々《こうこう》と照る月に神を見ていたのではなかろうか。

神と人間との関係について、古典はさまざまなことを語ってくれている。

道において謙虚な弟子

偉人はみな道において謙虚な弟子となることを悦《よろこ》ぶものである。われらはそれを忘れてはならない。

（『政治家と実践哲学』）

『論語』（季氏《きし》篇）に、「君子に三畏《い》あり。天命を畏《おそ》れ、大人《たいじん》を畏れ、聖人の言を畏る」とある。抜きんでた者は真理に対して謙虚だという話だ。日本で宣教していたことのあるS・カンドゥ神父の召命の話は、この言葉を連想させる。

カンドゥ神父がまだ若く、フランス軍の将校を務め、制服を着ては粋がっていたときのことである。ある休暇のとき、小さな漁村の宿屋に泊まった。宿屋の女主人はこの若い将校と話して感じるものがあったらしく、明日の朝早く起きて海岸に出てみませんかと誘った。

「何かおもしろいことでも？」

「いや、そうではなく、漁師たちは漁に出かける前にお祈りするので、それをお聞きになってみませんか」

〈何だ、たかが漁師のお祈りか……〉

いささか馬鹿にされた気がしておもしろくなく、カンドゥは席を立って部屋に帰った。

しかし、独りになって考えてみると、自分は何だか方向を見失っている青年のように思えた。気を取り直したカンドゥは、翌朝、海岸へ出かけていった。

すると、漁船の周りに集まっている漁師たちがいた。彼らは船に乗り込むとき、一同ベレー帽を取り、空を仰いで祈った。

「主よ、われわれの船は小さく、海は果てしなく広い。どうかわれわれをお護《まも》りください」

その朴訥《ぼくとつ》で謙虚な祈りは、生意気盛りの青年将校の胸に響いた。

その夜、宿に帰ったカンドゥはベッドのわきにひざまずいて祈った。

「主よ、わたしの頭脳は小さく、真理の海は果てしなく広い。どうかわたしを誤りなく導いてください」

この夜、カンドゥは人生の要ともなるべき信念を持ち、カトリックの神父になることを決意したという。

この話は謙虚になってこそ、初めて見えるものがあることを教えてくれている。

第四章　読書と尚友

人物を磨く三つの学問

東洋には「四部の学」と称するものがある。これは東洋における学問上の分類であり、「経」「史」「子」「集」のことをいう。このうち、「子」は独特の観察と感化力をもつ優れた人物の著書のことをいう。したがって「経」に従属させるべきものだ。「集」とは詩文である。だから「四部の学」とは、「三部の学」に集約できよう。これは私どもが学問修養をしてゆく上において非常に意義深い分類方法であり、こういう分類方法は西洋の学問の分類方法ではみられない。

(『人物を創る』)

安岡正篤の解説に従って、「四部の学」すなわち「三部の学」を説明しよう。

「経」 人間いかにあるべきかを学ぶもので、われわれの生活の基本原理に関する学問。経学を学ぶことによって、信念を養い、理性を高め、人間性について深い洞察を得る。

「史」 これに対して、歴史に照らして人間の行動のいっさいを明らかにし、それによって、「かくありしがゆえに、われらはかくあるべからず」と学ぶのが史学。だから史学は経学を実証するもので、「史」の中に「経」を見いだすことができる。この姿勢で「史」を読むとき、歴史は蘇《よみがえ》り、教訓深いものとなる。「経」は理性を高めるものであるのに対し、「史《し》」は強いて言えば意志を養うものである。「経」「史」の学は切り離すことはできず、両者を兼ね修めて初めて知行合一的に全人格が練られていく。

「集」 それに対し、われわれの情操を練っていくものは詩文である。ある人物がいかに「経」を解し、「史」を解し、実践していったか。生活原理への工夫体得の過程はその人物が書き残したものに見ることができる。その詩文を集めたものが「集」で、今日の詩集に該当する。

安岡はこれを敷衍《ふえん》して「読書は求道である」と、次のように語っている。

「本当に磨かれた人として自己を養ってゆくには、どうしてもこの原理の学問と、実践の学問と、情操を養う方面の三つを深めてゆかねばならぬ」

これは昭和七（一九三二）年十月、熊沢蕃山の遺風《いふう》を慕って岡山県の閑谷黌《しずたにこう》で行われた「古本大学講義」の中で述べられたもので、『大学』は「経」学の中でももっとも根本的なものであり、ぜひ学ぶようにとすすめている。『大学』の中で、安岡が感じることが多かった箇所を書き出したのが、『大学帖』だ。

魂の師

われわれに親のないことは避けられぬ不幸である。しかし師友のないことは不幸の上に不徳ではあるまいか。われわれはやがて親とならなければならぬ。それとともにわれわれはまた何人かの、出来るならば国人の、衆生の師友たらねばならぬのである。

およそ人間が成長するにしたがって、常に彼を慰め、彼を導くべき何らかの精神的権威を要することは前述の通りである。この人生においてわれわれの人格が真に確立し、もはや惑うことも無くなるまでには、到底自分の独力でなし得られるものではない。それにはわれわれの天《てん》稟《ぴん》があまりにも貧弱で、無力で、下根である。われわれは常に権威ある人格、品性、気迫、才能に接触し、誘掖《ゆうえき》され、陶冶《とうや》されて、はじめてようやく自己を充実し、洗練し、向上させることができる。

(『東洋倫理概論』)

「安岡正篤の代表的著作をあげよ」と言われたら、わたしは文句なく『東洋倫理概論』(関西師友協会)をあげる。学術的には他の書物になるのだろうが、初学者には大いに教えられる本である。元大蔵省銀行局長で、野村総合研究所前理事長の徳田《とくだ》博《ひろ》美《み》も、人生観の形成に大きな影響を与えてくれた書物としてこの書をあげる。

徳田は昭和十七（一九四二）年、東大に入学した。大学での受講のかたわら、徳田が好んで参加したのが、一高校長の安倍能成《あべよししげ》の勉強会と、安岡正篤の勉強会だ。一方はプラトンやアリストテレスが語られる西洋哲学の勉強会であり、一方は東洋哲学の勉強会だ。しかし、二つの講義には何の違和感もなく、まるで一連の講義のように感じられたという。

学徒出陣することが決まっており、出陣したらほぼ死ぬことがわかっていた徳田は、「いかに死ぬか」を探し求めて読書していた。このとき、徳田は『為政三部書』や『童心残筆』『東洋倫理概論』に出合った。また、シュバイツアーの『生命への畏敬』、内村鑑三《うちむらかんぞう》の『後世への最大遺物』などの影響も、徳田の精神形成に忘れることはできない。

徳田は学徒出陣して海軍に入り、巡洋艦「大淀」に乗る。レイテ海戦では陽動作戦に従事、ハルゼー提督麾下《きか》の米海軍を引きつけ、砲弾の雨にさらされる。ほとんど死ぬことが確実な海戦を生き抜いて帰国した徳田が、再び耽読《たんどく》したのが『東洋倫理概論』だった。

徳田のバックボーンとなる「任怨《にんえん》」の思想も、安岡から学んだものである。

読書と尚友

独りの生活を深く抱くようになって、いまさらのごとく尊く楽しいものは、古人を友とし、その深厚な思索体験を記せる書を心読すること、すなわち読書尚友《しょうゆう》である。早年の倫理に肝腎な師友に対する敬慕、英雄哲人に対する私淑を春の花とすれば、中年における読書尚友はまさしく秋の果実である。もはや華やかな、明るい、しかしどこかふわふわしたいらだたしい気分、あだなところはなくなって、そこには深い寂《さ》びが支配し、道の滋味《じみ》に富んでいる。自然との深契もじつは読書尚友を離れることはできない。

(『東洋倫理概論』)

『東洋倫理概論』は昭和四（一九二九）年、安岡正篤が三十一歳のとき、彼が主宰していた金鶏学院のテキストとして書き下ろしたものである。それまでの倫理学は自己と他者、及び国家・社会とのかかわりを論じたものが多かった。

安岡はこの本の中で自己の内面生活を重視し、国家・社会との関係を論じる前に自己の確立を図り、先賢の知恵に学んでいる。求道は同時代の人びとから教えられ学ばされるとはかぎらないわけで、ここに時空を超えた交わりが生じる。それが読書尚友ということになる。安岡は同書の後段でこう言う。

「幸いにこの道心に結ばれる師友は決して時と所を同じうする人びとの間ばかりにかぎらない。われわれはまたよく万里の彼方、千年の昔に師友を得ることができる。古人の苦労した修業、古人の蘊蓄《うんちく》した徳慧《とくけい》、古人の体得した信仰、それらはいかに隠れているようでも、いつかまた後人《こうじん》の心に触れ、これを発し、これを悟らしめるものである」

幕末勤皇の歌人・橘曙覧《あけみ》も『独楽吟』で読書の楽しみをこう詠《よ》んでいるが、安岡の言おうとした楽しみに通じるものがある。

たのしみは珍しき書人にかり　始め一ひらひろげたる時
たのしみはそゞろ読みゆく書の中に　我とひとしき人をみし時

古人は修行の目的を「独りを慎む」ことにあると言った。それができなければ、「良樹細根」とは言えない。天下国家を論じる前に、まず「修己治人《しゅうこちじん》」であり、それには先賢に学び、修練するしかないのである。

個の覚醒

「群衆中の個人は単に大勢の中にいるという事実だけで、一種不可抗力なものを感じるようになる。群衆の一員になるという事実だけで、文明の段階をいくつも下ってしまうのである。一人でいるときは恐らく教養があると思われる人が、一度群衆に加わると、本能的な人間、野蛮人と化してしまう」

これはフランスの名高い心理学者、ギュスターヴ・ル・ボンの『群衆心理』の一節であるが、大衆社会の陥りやすいこの弊害を救う道は民族の歴史的、伝統的精神を喚起する以外にはないと、つぎのように痛論している。

「民族精神は群衆の動揺を抑制する強力な基盤である。民族精神が強まれば強まるほど、群衆の劣等な性質は弱まる」

（『活学』）

安岡正篤は個人個人が揺るがない精神をつくりあげていないかぎり、雑駁《ざっぱく》になりがちな時流に抗して、精神文化の花を咲かせることはできないと考えた。戦前、安岡が昭和維新をもくろむ行動右翼と袂《たもと》を分かち、教育に専念し始めたのも、戦後、各地に師友会をつくり、教学の復興に力を入れたのも、個の覚醒を基盤としないかぎり、すべては流れてしまうことを痛感したからにほかならない。

昭和三十一（一九五六）年、安岡の戦後の読書ノートである『現代の道標』（明徳出版社）が刊行された。この書は安岡が内外の思想家の珠玉の言葉を抜き書きし、思索の糧《かて》にしていた読書ノートを本にしたもので、貴重な資料である。安岡が書き抜いている「個の使命」に関する文章を参考にして、思想家たちが何を問題にしていたかを探ってみよう。

「かくしてわれわれは新たな中世に入った。一つの共通的な集団的意志によって、思考の自由は無用とされた。それは多くの人が自由な人格としての思考を放棄し、何事も団体所属者の指導のみに自己をまかせたからである。多くの個人が新たに精神的に独立し、かれらが心霊的に囚《とら》われているところの組織団体に対して、権威ある自然の関係を発見するとき、はじめてわれわれは再び精神的自由を獲得するであろう。

現代的中世紀よりの解放はヨーロッパ人が、かつて成し遂げた解放よりもはるかに困難であろう。その当時なされた戦いは、因襲的に課せられた外的権威の暴力に対するものであった。今日の戦いは、多くの個人をして、かれら自身のつくった精神的非独立性のなかから脱出せしめることに関するものである。これ以上に困難な仕事があるだろうか」(アルベルト・シュバイツアー『文化障害の諸事情』)

「内面生活という私的な、隠れた、他人とわけ合うことのできない非民衆的なもの、これこそあらゆる独創性の源泉であり、あらゆる偉大な行動の出発点である。これのみが個人をして群衆の間にあって自己の人格というものを保持させ、現代都市の乱雑と騒擾《そうじょう》との中で、精神の自由と神経系統の平衡とを確保させるのである」(アレキシス・カレル『人間、その未知なるもの』)

「真理より来《きた》る精神は、いかなる下界の勢力よりも強いと信じるゆえ、この精神を養うことができれば、人類の将来も期待できる。倫理的世界人生の肯定は、寛容と希望をそのうちに蔵《ぞう》して、けっして失うことはない。それゆえ、悲惨なる現実をそのままあるがままに見ることを、断じて怖れたり逃避してはならない」(アルベルト・シュバイツアー『我が生活と思想』)

「革命は社会を改革しようとする創造的・霊的な力が欠けている状態を示している。だから革命は新しい人間を生み出すことができない。単なる衣の脱ぎ替えではなく、本当に新人が出現するためには、何としても精神的活動と本質的変化とが行われなければならない。内面的・霊的な一つの核、およびその核に含まれた創造的運動がなければ、社会的秩序をいかに更新しようとも、しょせん新人を期待することはできない」（ニコライ・ベルジャーエフ『愛と実存』）

「文化の回復は、ある大衆的運動の性格をおびた試みとは何の関係もない。それらの運動は常に外的事件に対する反動に過ぎない。しかし、文化は多くの個人のなかに、現に支配するところの一般的思想とは独立に、またそれとは対立して、一つの新しい思想が生まれ、それが漸次一般的思想に影響を及ぼして、ついにそれらを決定することによってのみ、再び成立するのである。ただある種の倫理的運動のみが、われらを非文化から救い出すことができる。その倫理的なものは、ただ個人の中にのみ成立するのである。それゆえに個々人は、再び高邁《こうまい》なる個性的確信に達して、精神的倫理的思想を喚起するという、個人のみが果たしうる任務を再び引き受けなければならないのである。このことが、多くの人に起こるのでなければ、何ものもわれらを救うことはできない」（アルベルト・シュバイツアー『文化の没落と再建』）

「世の中には真に信頼できる人ははなはだ少ない。ウィルソン大統領は人間性は信じたが、人間は信じなかったという。心の統率者はこれに反して、人間性は信じなくても、信頼すべき少数の人間を持たなければならない。それにはそういう人間を補充することができるような人々の集まりと親しい交わりを持つことである」（アンドレ・モーロア『知と愛の生活』）

人生の師友

万物の霊長である人の子は、父母の膝下《しっか》にだんだん成長するにしたがって、精神生活が芽生えてくる。乳でもない、菓子でもない、慈愛の言葉でもない、ある不思議なもの、何ともいえぬ神秘な厳粛なあるものを要求してくる。あたかも暁の光が夜の闇と沈黙とを破るように、われわれの自覚に世界が現れ、人生が発見され、生活――道ということが考えられる。換言すれば生きる上に何らかの意味と力とを要求するようになる。天は別にこれがために「師友」という者を与える。師友はわれわれにとって第二次の父母兄弟である。骨肉の親に対していえば、道の親である。それはわれわれの疲れ病む心意に尽きせぬ力と光とを与え、疑いと悩みとのほかない人生に意味と悦楽とを恵む者である。

（『東洋倫理概論』）

人は物心つき、人生の意味を考えるようになって精神の彷徨《ほうこう》に入る。父母の慈愛の言葉以上のものを探し求め始める。そのとき、人生の師、人生の友と言われるものは、空腹を満たしてくれる食物以上に大切なものとなる。

安岡正篤は「師友」についてさらにこんな説明を加えている。

「善い師友を得るとき、われわれはちょうど塵埃《じんあい》と喧騒《けんそう》と濁気《じょくき》との都会を去って深山幽谷に入るように、覚えず清新な気を深く呼吸し、身心はふたたび健やかに蘇る。そして自ずからなる英霊の雰囲気が、われわれを踔厲《たくれい》風発せしめ、ともすれば絶望しようとした人生にまた霊活な気分で面接させ、萎《な》えんとした雙脚《そうきゃく》に堂々と四股を踏み鳴らさせるのである。

師はわれに先んじて世路《せろ》の艱険《かんけん》と闘い、人生の理趣を探り、英霊の高峯を極めつつある人である。友はわれと先後してその後につづいている者である」

健やかに魂が育つためには師友と言われるものがいかに必要か。安岡の文章は語ってあまりあるものがある。

社会が有機体的共同体に成り変わっていくには、単なる烏合《うごう》の衆の寄せ集めではできない。「師友」とも呼べる尊敬できる人たちがいてこそ、社会は若さを保ち、有機体的共同体に変わっていく。日本の社会が治安に優れ、躍動感に満ちているとすれば、「一燈照隅」を心がけて毎日を励む師友がいるからではなかろうか。

また師と仰ぐべき人物を探し求めるだけではいけない。自ら人の師たるべく、切磋《せっさ》琢磨《たくま》しなければいけない。ああ、わたしもまた、一隅を照らすよう努力したい。

沈思黙考のすすめ

いつしかまた秋になった。虫が鳴いている。風の音、確かに秋風の声である。人の世は何という騒がしさだ。なぜ人間ばかりがこうも騒ぎ回らねばならないのだ。なぜもっと独り静かに在り得ないのか。ぐずぐずしていると、どうなってしまうかもわからないとでもいうのか。がやがや騒いで、さてどうなるというのか。どうなったらよいというのか。誰もが自分のことは棚にあげて、人のことばかりを責め立てる。せめてその半分でも自分を省りみれば、どんなに物事が素直に運ぶことであろう。

(『憂楽志』)

はっとさせられる文章である。安岡正篤の書いたものにはこういうものが多い。たとえば、『新憂楽志』(明徳出版社)の「寒夜読酔」にはこんな文章がある。

「このごろのように世を挙げて徒《いたずら》に忙しく、風俗の甚だ荒《すさ》んでいるときほど、われわれはできるだけ雑事を避け、独りになって静坐し、読書し、天の光を受け、彼岸の声を聴く心がけが大切である。心に『永遠』の浸潤を受けて、現実の汚染を薄めることが大切である」

　こういう文章に接すると、自分の読書の姿勢を反省させられる。まだまだ知見を広げるための読書が多く、「天の光を受け」「心に『永遠』の浸潤を受けて」現実の汚辱を去ろうとすることが少ない。読書によって古今の先賢に会うことがどういうことなのかを深く教えられる。

　安岡の若き日のエッセイ集『童心残筆』（全国師友協会）の序に、中国で愛誦《あいしょう》されているという次の聯《れん》が引用されている。安岡が好んだ句である。


竹影堦《かい》を掃って塵動かず、月輪沼を穿《うが》って波痕なし

　竹の影が土の階段に落ち、落ち葉は動くこともない。沼の面《おもて》は月の影を宿しているが、波が立つこともない。いっさいが静寂である。人間がこざかしく作為することはない。すべて自然にまかせたほうがうまくいくのだ、という意味であろうか。

　NHKのテレビ番組「トライ&トライ」では、近代的な機器を駆使して、腹式呼吸のときに理想的なアルファ波が出ることを報告している。深く静かでいるとき、人間の本来の姿が現われるのだ。

佳書を読む

佳書《かしよ》とは、それを読むことによって、われわれの呼吸・血液・体液を清くし、精神の鼓動を昂《たか》めたり落ちつかせたり、霊魂を神仏に近づけたりする書のことであります。佳《よ》い食物もよろしい。佳い酒もよろしい。佳いものは何でも佳いが、結局佳い人と佳い書と佳い山水との三つであります。しかし佳い人には案外会えません。佳い山水にもなかなか会えません。ただ佳い書物だけはいつでも手にとれます。不幸にして佳人に会わず、佳山佳水に会わずとも、佳書にだけは会いたいものです。佳書によってわれわれはしみじみと自分自身に話すことができるのです。

（『憂楽志』）

わたしは雑多な読書ばかりをしていたので、長い間「佳書」と言われるものがあることさえ知らなかった。佳書とは、自分の「霊魂を神仏に近づけ」てくれるほどに興奮し、教え諭《さと》されて読まされる書物である。安岡正篤は「われわれの呼吸・血液・体液を清くし、精神の鼓動を昂めたり落ちつかせ」てくれるものだという。だから、佳い書物とは、その国の文化の水準を示すものだといえる。

日本は明治の世になって、西洋の文物が入るようになり、それに学ぶことによって文化文明が発達してきたかのように言われてきた。しかし、そういう西洋崇拝、西洋一辺倒のものの考え方がここにきて変わってきた。西洋にも優れた思想家があり、日本がそれらの人びとに多大の感化を受けたことは事実だ。

わたしは偏狭な民族主義を取るものではないが、江戸時代に至るまでの日本が、西洋の文物を咀嚼《そしやく》できるだけの精神文化を育てていたことは評価すべきだ。いやそれ以上に、西洋に卓越した精神文化を営んでいたのだ。そうした精神文化は書物という結晶になって残っている。『正法眼蔵《しようぼうげんぞう》』しかり、『歎異抄《たんにしよう》』しかり、『言志四録』しかりだ。

安岡正篤の著書に、『古典を読む』（明徳出版社）がある。真剣な求道に励んでいた青壮年期の安岡が、深く心に刻み込んだ和漢の名著三十二冊を解説した本だ。その中で、明治天皇が愛読されたという『宋名臣言行録』や、幕末、岡山・松山藩の藩政改革を成功させ、幕府の庶政改革にも寄与した山田方谷《やまだほうこく》の遺稿なども解説している。安岡自身、「読んでいるうちに思わず感涙が浮かぶ」と書いているように、これらの古典は珠玉《しゆぎよく》だ。こうした本こそ「佳書」と呼ぶのにふさわしい。

学問の四段階

熊沢蕃山先生をもっともよく表すのが、息游軒《そくゆうけん》という雅号です。息游というのは『礼記《らいき》』の中の「学記」の「君子の学におけるや、焉《これ》を蔵し、焉を脩《しゅう》し、焉に息《そく》し、焉に游《あそ》ぶ」からとったもので、学問の過程、筋道、あり方を説いている。四つ挙げているところから、古来、「学記」の「四焉《しえん》」というておる。（『人間学のすすめ』）

安岡正篤は熊沢蕃山の雅号の説明の中で、「学記」の「四焉」を説明している。それによると学問はこうなければならないという。

蔵　学問はまず自分の中に取り込まなければならない。批判する前にまず先哲の教えを学び、自分のものとする必要がある。あくまでも謙虚に学ばなければいけない。でも、自分は博識だと言わんばかりに知識を見せびらかすのは、ペダンチック（衒学《げんがく》的）と言われ、洋の東西を問わず嫌われている。

脩　脩という字は干して縮んだ肉を意味しており、そこから、修め、整える意味が生じてきている。学んだ人の教えを、今度は手を加えて自分のものとし、磨かなければならない。普通はこれが学問だと言われている。

しかし「学記」はさらに二つの過程があるという。

息　刻苦勉励して自分のものとする。それが脩だが、疲れてはいけない。病んでもいけない。休養が必要だ。じつは休養のとき、自分独自の思想が熟成されていくのだ。とくに学問を血とし肉としていく過程で、これは見過ごすことはできない。自分独自の世界が開けるというのは、うれしいではないか。

游　水は川筋に沿ってゆったりと流れていく。抵抗がないから快適で、おのずから適《ゆ》く。ここから悠々自適という熟語が生まれている。学問も最後は遊び楽しめるようになってこそ本物だ。泳ぎ、遊び楽しまなければいけない。安岡は游こそが東洋の学問・芸術の最高の境地だという。

この四焉「蔵・脩・息・游」は商売にも当てはまる。モーレツ社員ではないが、いつまでも「蔵・脩」なのはどこかが間違っていると言わざるをえない。

元京都大学総長の平澤興《ひらさわこう》は、「人に喜びを与えなさい。するといつしかこれが人生最大の喜びだとわかってきます」と言った。人に喜んでもらう商売をしていたら、蔵・脩はいつしか息・游になっていく。松下幸之助《まつしたこうのすけ》が「商売は儲からなかったら、人の役に立っていないことの印です」と言っているのも、この意味ではなかろうか。

人間の風韻

人間の諸内容、もろもろの徳が和合してまいりますと、宇宙も生命人格も一つのリズム・風韻《ふういん》をなしてきます。人間そのもの、人格自体が、どこか音楽的なものになってきます。これを風格・風韻・韻致などと称します。人格ができてきますと、どこかしっとりと落ちついて、和らかく、なごやかに、声もどことなく含み、潤い、響きがあって、その人全体がリズミカルになるものです。

（『朝の論語』）

「あの人は人間ができている」
「○×さんはたいした人物だ」
という言い方をわれわれはよくする。基準があるわけではないが、人格を計る尺度は確かに存在する。安岡正篤は、風韻という言葉を使い、人物をビジュアルに表現してくれた。若いころの安岡は「触れれば切れる」という激しさを内に秘めていたが、晩年になるほど丸みを帯び、何時間でもそばにいたいと思うほどだったという。

安岡の謦咳《けいがい》に接したことのない筆者は、ビデオや写真、録音テープを通して想像するしかないが、それによると、安岡自身が、しっとりとして落ちつき、やわらかく、なごやかで、声もどことなく含み、潤い、響きがある。

そして、①しっとりと落ちついているか、②和らかいか、③なごやかか、④声が潤い、響きがあるか——などは、器の出来具合を計る物差しになることがわかる。

「師と友」誌の編集長をしていた山口勝朗《やまぐちかつろう》も、風韻のある人物である。安岡没後も、いろいろな出版社から安岡の講演テープを起こしたものが本になって出ているが、それらの監修をやっている人である。また平成四（一九九二）年に入って安岡の講演テープそのものも売り出されたが、その編集も手がけており、寧日《ねいじつ》ない忙しさだ。七十歳とは思えない元気さである。

氏の姿を見ていると、悠々自適とはこういうことかと思わされるほどに、ゆったりとしている。安岡亡きあと、安岡の講演テープを編集できるほどに古典漢文に通じている人はめったにいないが、山口はその一人である。

山口が焦ったり、怒ったりしている姿は見たことがない。学問がいつしか身について、しっとりと落ちついている。前項で、学問は「蔵」し、「脩」し、「息」し、「游」して初めて身につくものだと言ったが、山口はその好例であろう。風韻——嚙みしめたい言葉の一つである。

寸陰の工夫

自分の傍《かたわ》らにいつも離せない本を持っているということは、多くの本を読むこと以上に大切です。何回でも読む、いや読まないではいられない。あるいは読まないでも、いつも傍らに置いてあって、それだけでなぜか心が休まる。つまり、座右の書といわれるものです。現代の売れっ子知識人にはこういった考えは少ないでしょうが、そういったものがないと、いつかは破綻してしまうものです。こういった人を浮《ふ》薄《はく》新《しん》進《しん》の輩《やから》といいます。

（『青年は是《こ》の如く』）

安岡正篤の読書とは、情報を得たり知識を増やしたりする読書のことではない。聖賢の書を読むことで自分を練り、ひとかどの人物になるためのものである。

では、忙しい時間を縫っていかにして読書の時間を取るか。安岡は同じ書の中でこう述べている。

「時間というものは長い時間を取ろうと思うとなかなか取れるものではない。それこそ仕事がある。多忙である。邪魔が入る。だから閑《ひま》を得たらと思うのは何にもならない。けれどもどんな忙人でも、寸陰というものはある。ちょっとした時間というものは必ずある。そのちょっとした時間をつかむ。これに熟練すれば、案外時間というものはあるものだ。昔から一芸一能に精進した人々は、これを体験している」

安岡は昭和五十二（一九七七）年から十回にわたり、住友銀行の幹部のために東洋思想について講じたことがある。そのとき、副頭取の岩澤正二《いわさわまさじ》は、「安岡先生はメモ一つなくても、すらすらと古典漢籍を引用され講義されました」とその学識の深さに驚いている。しかし、それも安岡が「寸陰」を工夫して読書していたから頭に入ったのだ。

安岡は「寸陰の工夫」について古人の「三上の工夫」を紹介している。

三上とは、枕上《ちんじょう》、馬上、厠上《しじょう》の三つ。「枕上」とは、床に入って寝つくまでの時間を活用すること。たとえ一ページでも二ページでも自分の研究課題としているものを読んで寝ることだ。これは退屈な人間になることを避ける工夫でもある。「馬上」とは、いまで言えば、通勤の時間を活用せよということだ。通勤電車の中の三十分、一時間は非常に貴重だ。最後の「厠上」とは、トイレの時間を活用せよということだ。トイレだから長いものよりも、語録など短いものがいい。

安岡ほどの人でもこういう工夫をして読書していたのである。

早朝を活用する

おはよう！　なんという良い挨拶でしょう。朝ほど爽やかでいきいきした時はありません。イギリスのことわざにも There is only the morning in all things. ――「朝こそすべて」とあります。

何よりもすがすがしきは朝起きて朝日に向ふ心なりけり

まったくであります。夜が明けたらすぐ起きて、目を覚ましながら寝床の中でぐずぐずするなと曾国藩も自戒していますが、誰も一応恐縮する言葉です。

（『朝の論語』）

『朝の論語』は、昭和三十六（一九六一）年、安岡正篤六十三歳のとき、毎月第一月曜日の早朝五時から、ニッポン放送で十九回にわたって講話したものである。その第一講の冒頭で、安岡は全国のラジオファンに向けて、おはよう！　と語りかけた。朝はさわやかで、情緒的にも素晴らしく、大脳がもっとも効率よく働く時間でもある。清朝末、「太平天国の乱」から清を救った哲人政治家・曾国藩《そうこくはん》は、「居敬《きょけい》」をモットーとしていた。その心境を得るために、聖賢の書物を読み静坐した。日中は政務で忙しいから取れるのは早朝の時間しかない。そこで眠気についつい負けてしまう自分を諫《いさ》めて、「黎明《れいめい》には即起し、醒《さ》めて後、霑恋《てんれん》するなかれ」と書いて精進したという。

曾国藩のこういう姿勢は若き日の安岡にもいたく影響を及ぼした。長男の安岡正明（長野銀行会長）はこう述懐する。

「若いころの父は四時半起床を日課としました。前夜どんなに遅くなっても四時半起床が変わることはありませんでした。まず眠気を去るために庭に出て真剣で素振りをし、それから机に向かいました」

「朝こそすべて」とは安岡の実感だったのである（講談社＋α新書『安岡正篤　人生を拓く』に詳述しているので参考にされたい）。

朝の清々《すがすが》しさを詠んだ句、数首。

朝な朝な命の水を汲むときは心のなかも涼しかりけり　　大西　祝

なによりもすがすがしきは起き出でて朝日に向かふ心なりけり　　植松有経

口そそぎ手を洗ひ神を先づ拝む朝の心を一日忘るな　　橘　曙覧

古教、心を照らす

本の読み方にも二通りあって、一つは「そうかそうか」と本から始終受ける読み方である。書物が主体で自分が受け身になっている。古典的にいうと「古教、心を照らす」の部類である。しかしこれだけではまだ受け身で、積極的な意味において自分というものの力がない。そうではなく、自分が主になっていままで読んだものを再び読んでみる。今度は自分の方が本を読む。虎関《こかん》禅師は「古教、心を照らす。心、古教を照らす」と言っているが、まことに教えられ考えさせられる深い力のある言葉だ。

(『人物を創る』)

明の碩学《せきがく》・呂心吾に『呻吟語《しんぎんご》』という書物がある。江戸時代中期から幕末にかけては多くの日本人に読まれ、彼らを啓発した書物だ。安岡正篤にも『呻吟語を読む』(致知出版社)という著書があるので少しは知られている。この本にこういう言葉がある。

「貧、羞《は》ずるに足らず。羞ずべきは是《こ》れ貧にして志なきなり。

賤、悪《にく》むに足らず。悪むべきは是れ賤しくして能なきなり。
老、歎《なげ》くに足らず、歎くべきは是れ老いて虚生するなり。
死、悲しむに足らず、悲しむべきは是れ死して聞くなり」

ここでも「志」の重要性を説いている。この一文を読んだだけで襟《えり》を正したくなるような気持ちになるが、こういう精神の持ち主は、賄賂《わいろ》を贈っても何しても容易に籠絡《ろうらく》できない。いつの時代にもそういう気骨のある人間がいる。そして彼らが結局時代をリードしていくのだ。

『呻吟語』の一節は、西郷隆盛の次の言葉を想起させる。

「命も要らず、名も要らず、官位も金も望まざる者は御し難きものなり。然れども、此の御し難き人に非《あら》ざれば、艱難《かんなん》を共にして国家の大業は計るべからず」

肩肘《かたひじ》張って、大言壮語してそう言うのではなく、西郷はそういう私利私欲を去ろうとして努力した人であった。安岡は本に読まれてはいけない、自分が主になって本を読むんだと言っているが、やはり最初は先人の刻苦勉励の跡をたどり、それをわがものとすべく奮闘するところからしか始まらないようだ。

それにしても、わたしなどはとても「心、古教を照らす」（虎関禅師）心境には到達できていないと思わされる。まだまだ「古教、心を照らす」の段階である。

第五章　人生の知恵

仕事は祈りだ

夢中で学問していると、すぐに時間がたつ。夜も更けたから寝ようというのでは大抵駄目になる。『論語』に「朝《あした》に道を聞かば、夕《ゆうべ》に死すとも可なり」とは、決して単なる形容詞ではない、本当のことだ。身体にこたえるし、明日が大変だと思いつつも、やってしまうだけの勇気をもつことだ。〝不惜身命《ふしゃくしんみょう》〟というが、学問でも芸術でも何でも同じだと思う。

（『照心語録』）

希代の碩学《せきがく》・安岡正篤は調べたいことが頭にあって外出から帰ると、そのまま書庫に入って、本を読み始め、そのまま暗くなることがしばしばだったという。また、「師と友」編集長・山口勝朗に口癖のように言ったという。

「編集長というものは、写真を見ても、短歌を見ても、ああこれは次号で使えないかなと考えるんだ。四六時中、雑誌のことばかりが頭にあって、寝ても覚めてもそのことしか考えていないという状態にあって、はじめて読者にいいものを提供できるんだよ」

一芸に秀でる人は「寝ても覚めても」そのことに徹しているのである。

京都大学医学部（外科学）の教授に、青柳安誠《あおやぎやすまさ》という人がいた。「青柳教授の執刀ぶりは神業だ」と言われた人物である。その青柳教授は「手術は祈りである」と言った。青柳教授の同僚で、元京都大学総長の平澤興は、その著書『燃える青春』（関西師友協会）の中で、青柳教授のことにこう触れている。

「外科医が手術に最善を尽くすのは当然のことである。しかし、『手術は祈りである』という言葉の中には最善以上のものが含まれている。それは医学と医術の限界を知り尽くした名医が自らの最善を尽くして、その上にさらに神の前にひれ伏し、患者のために手術の成功を祈る姿である。青柳君の腕は近年ますます冴《さ》えつつあるというが、うべなるかなと思う」

それから敷衍《ふえん》して、平澤は「仕事は祈りである」と言った。

「ややもすると、仕事は生活の糧《かて》を得るための方便と思われがちだが、仕事こそは人生を内容づけ、価値づけるもので、人生の目的そのものといえよう。そういう意味で仕事に最善を尽くすことは、生来すぐれた可能性を与えられた人間の尊い義務でもあり、同時に幸福でもある」

わたしもまた「わたしの仕事は祈りの表現である」と言える人間でありたい。

久しく敬す

孔子が為政者を評する言葉は実に味がある。

「晏平仲《あんぺいちゅう》 善く人と交わる。久しうして人これを敬せり」(『論語』公冶長篇《こうやちょう》)

この短い評語以上に斉の晏嬰《あんえい》のことを善く表すことはできないであろう。人は遠く離れて見るのと、近づいて交わるのとでは大変違うことが多い。壇上の雄弁を聞いて大政治家のように思って、近づいて失望する青年も少なくない。知識や技能に感動して婚を通じ、後で意外な性格の欠陥を発見して幻滅の悲哀を覚える婦人も多い。興が褪《さ》めたとか、裏切られたとかいうことがいかに世上の交わりに多いことであろう。久しうして人これを敬すというのはよくよく真実の籠《こも》った味のある人に相違ない。

(『古典を読む』)

交われば交わるほど、尊敬の念が深まってくる。これを「久敬《きゅうけい》」という。世の中には失望させるような人が少なくないだけに、それを他山の石として、「久敬」の人物になりたいものだ。「有名無力、無名有力」――有名になれば忙しくなり、とかく素養を積む時間がなくなり、つまらない人間に成り下がることが多い、むしろ無名な人に尊敬に値する人物がいるものだという安岡の言葉もそれに通じるものである。同様の言葉に、「敬以《もっ》て内を直《なお》くし、義以て外《ほか》を方《ほう》にす」（『易経』）がある。慎みをもって自分の心の中をまっすぐにし、義理の道をもって外部に対する行動を方正にする、という意味だ。

もう一つ想起されるのは、『大学』の中の一節、「君子は必ず其《そ》の独りを慎む」という言葉である。他人が見ていようが見ていまいが、そういうことにかかわりなく、言行を慎み、自分を欺かないようにするという意味だ。「久敬」の前にあるのは、「独りを慎む」という姿勢である。東洋思想では、この「独りを慎む」を修養の基本とした。「闇室《あんしつ》を欺かず」「屋漏《おくろう》に愧《は》じず」もこれと同義である。他人の目を気にして形だけの善行を積んでいる人は、独りを慎むことができない。それができる人は、他人の目ではなく、天の目を知っている人である。

作家の小島直記は七年間、安岡に師事している。同じ勉強会に、東京電力社長の平岩外四（当時、以下同じ）や新日鉄会長の武田豊、ブリヂストン副社長の成毛収一、警視庁警備部長の川島廣守などが出席していた。しかし、その集まりは単なる名士の集まりではなく、小島に言わせると、「一種の飢え、渇きが癒《いや》される思いがして、みな熱心だった」という。

人を生かす

日本人は己のことを〝自分〟という。われわれは自己として存在すると同時に他己がある。この自他が相まって全体を構成する。自己はこの全体における分の存在であるがゆえに、分際であり、これを結んで自分という。何気なく日常に使う一人称だが、哲学的に深い言葉である。

（『照心語録』）

元京都大学総長で世界的な医学者であった平澤興《こう》は驚くほど明るい人で、人の世話をするのが好きな人だった。その平澤がいつも言っていた言葉に、「いつも人に喜びを与える人でありなさい。そうすればおのずから必要とされる人になる」というものがあった。

「利他」の精神が結局は自分も生かすというのだ。平澤の言葉をもう一つ。

「人を拝む人は人から拝まれる。その人はおのずから人の長になれる」

新潟の草深い田舎の出身の平澤は「京の田舎びと」と呼ばれたが、その朴訥《ぼくとつ》さの陰にあった「人を拝む」心が、彼を京都大学総長の地位にまで押しあげていったのである。

業界五位のスーパー、ニチイの創業者に西端《にしはた》行雄という人がいた。昭和三十八（一九六三）年に四つの衣料スーパーが集まって、ニチイを結成したが、西端は推されてその社長となった。しかし、これは「資本の論理」による力ずくの企業の合併ではなく、文字どおり西端の経営姿勢に共鳴し、進んで合併した「協業」だった。

たとえば、西端が常々念じていた言葉に、「商いの中に行《ぎょう》があるのではない。行の中に商いがある」というものがある。商いは行そのものだというのだ。

西端の生き方に大きな影響を与えていた一人が西田天香《てんこう》である。ニチイが誕生した年に米寿を迎えていた天香は本社に来て、

「わたしはお見かけどおりの老人で、してあげたくても何もしてあげられない。だから せめて」と、西端の足を洗いながら「社長はん、下坐に下りて人に仕えなはれや」と諭したという。

黙々と足を洗う天香の行為に、西端は言葉以上のものを感じたのだった。ニチイにはその後も中小のスーパーが合併し、次第に全国規模のチェーンに成長していく。弱肉強食のビジネスの世界で、西端の率いるニチイは、「商いの中に行があるのではない。行の中に商いがあるのだ」という道を実践したのである。

我執を去る

近頃社会問題を論ずるほどの人々は何かというと直ちに、指導理論は何だ、政策はどうだねと尋ねる。気がきいたようで実は愚かなことだ。指導の力はそういう理論にあるのではなく、信念、情操、気魄《きはく》にある。人格の英邁《えいまい》にある。操行《そうこう》の雄風にある。そこに輝く英知こそ、理屈屋の煩瑣《はんさ》な議論の思いも及ばぬ尊いものなのである。

（『新編経世瑣言』）

このくだりで安岡正篤はこうも書いている。

「そのいわゆる指導理論の例を見れば、浅薄な概念の遊戯、形式論理の練習にすぎない。そんなもので人間が救われるのなら、何も親鸞《しんらん》ほどの人が南都北嶺の学匠たちと袂《たもと》を分かちはしない。悩める衆生を指導するために、彼は紛々たる理論を捨てたのだ」

これは安岡の体験に根ざした言葉だ。一高、東大の学生のころ、人生の真理を求めて、安岡は西洋の思想家を遍歴した。しかし、そこでは頭でっかちになるだけで、魂が癒《いや》されることはなかった。そこで安岡は再度東洋の書物に帰ってきた。そこでは政治も経済も社会問題もすべては「独りを慎む」ことから始まることが説かれていた。修己の身を修めてこそ家が斉《ととの》い、国が治まり天下は平らかになるというのだ。求道、修養は世に出る前のモラトリアム時代に修めるべきことなのではなく、人としての道を踏みはずさないために、終生心がけるべきことなのだ。安岡はそういう東洋の英知に触れて深く安堵《あんど》したという。

『言志四録』にこういう一節がある。

「己を喪《うしな》えばここに人を喪う。人を喪えばここに物を喪う」

すべては自分から始まる。ごまかすことはできない。だから企業や国家・社会を運営するものは、まずものに動じない自己の確立を図ることが緊要である。

ではいかに英邁な人格を築くのか。西郷隆盛の修養に関する言葉は含蓄が深い。

「己を愛するは善からぬことの第一なり。修業のできぬも、事の成らぬも、過ちを改むることのできぬも、功に伐《ほこ》り、驕慢《きょうまん》の生ずるもみな自ら愛するがためなれば、決して己を愛せぬものなり」

先人たちは「我執《がしゅう》を去る」ことがいかに大切か熟知していた。それは今日のわれわれの課題でもある。

心術の修養

東洋政教の本義は民衆に対する論策よりもむしろ、常に為政者自身の心術修養を重んずるにある。『中庸』にも、「予《われ》明徳を懐《おも》う、声と色とを大にせず」という『詩経』の詞《ことば》を引用して、民を化するにおいて、声色は未だと断言している。

（『新編経世瑣言』）

越後の守護代で、上杉謙信《うえすぎけんしん》の父に、春日山《かすがやま》城主・長尾信濃守為景《ためかげ》という人物がいた。関東武士の流れをくむ長尾為景はなかなかの人物で、自分の領地はピシッと治めていた。ところが、為景が死んで長男の晴景の代になると、とたんに国が乱れ、争いの場となってしまった。

そこで次男の謙信が晴景に養子の形で入って家督を継ぎ、国内を平定し、元のとおり磐石《ばんじゃく》な基盤を造成した。『天と地と』をはじめ、幾多の歴史小説に書かれてきたところである。

上杉謙信は下克上《げこくじょう》の戦国時代の武将ながら、治民《ちみん》の温情は敵国武田氏の領民へ塩を送ったほどに深かった。また、現存する数多くの神社仏閣への祈願文は、謙信の神仏への篤心《とくしん》ぶりを示している。人望の厚かった謙信は、安岡正篤の言う東洋政教のいい例だと思う。

ところで安岡は上述のメッセージの好例として、詹何《せんか》の例をあげている。

昔、楚の荘王が釣に明け暮れしていた賢人の詹何を招いて国を治める秘訣を聞いた。すると詹何は、それには答えず、身を修める術《すべ》を答えた。そこで荘王が重ねて国を治める方法を問うと、詹何は静かに答えた。

「上に立つ者の身が修まっているにもかかわらず、国が乱れているという話はいまだかつて聞いたことがありません。修身と治国は切り離して考えるべきものではありません」

東洋では修身・斉家・治国・平天下を一体のものとして説く。国民をいかに説得するかと策を弄《ろう》する前に、上に立つ者がどうあるべきかを考えよと説く。

これは政治だけではなく、人間が集団をなし、組織をつくるところでは一様に言うことができる。結局、人望、人徳を磨かないかぎり、人を使って仕事をすることはできないのだ。欧米風のマネジメントが一時流行したものの、そのうちのあるものは結局廃《すた》れてしまったのは、この面をないがしろにしたからだと思う。

一木一草みな仏

ある日、一人の信者が見事な仏像を持って道元禅師のもとに参り、開眼供養をお願いした。すると禅師は、「ああもったいない。仏で木を作ったな」といわれた。これは実に面白い。本人は木でありがたい仏様を作ったと思っている。しかし、禅師は「仏で木を作った」といわれる。「一木一草みな仏だ」というわけである。

（『人物を創る』）

木は仏に彫刻されれば尊く、桶《おけ》や下駄《げた》に細工されれば尊くないのか——道元の提議は重大な意味をはらんでいる。一木一草みな仏であるからには、どれもないがしろにはできない。わが身を愛する以上に万物すべてを愛そうというのだ。

カー用品の卸問屋ローヤルは掃除をマメにする会社として知られている。社内や社用車の清掃はもちろん、道路の清掃までやるので、近所からありがたがられている。社長の鍵山秀三郎《かぎやまひでさぶろう》自身、トイレ掃除に精を出し、掃除の効用をこう語っている。

「みなさん、経営の合理化とかで、直接利益に結びつかない間接的なことは、どんどん外注されています。社内の掃除とかは嫌われて、外部の清掃業者に頼まれます。しかし、自分たちで社内を掃除し、車を磨き、近所の道路を清掃することで、わたしたち自身の心がどれだけ明るく輝くようになったことでしょうか。直間比率がどうのこうのと言っている間に、わたしたちは人間として大切なものを失ってはいないでしょうか」

腰をかがめて雑巾《ぞうきん》がけをする。トイレを洗う。そのことを通して、謙虚さを学び、モノを大切にすることを学ぶ。その姿勢は当然商品の扱いにも現われてくる。謙虚さは接客態度にも現われてくる。ローヤルでは送られてきた包装紙も捨てられることはない。紙もひももきれいにたたんで取っておき、次の発送に使う。段ボールも回収業者に渡され、再利用される。牛乳パックも空になったものは洗って取っておかれ、再生へ回される。どこの企業よりもローヤルはゴミ減らしにも積極的である。

驚いたのは、鍵山自身が出張先で食べた弁当の包み紙をカバンにしまい、出社してから古紙として出していたことである。この行為もまた「一木一草みな仏」の精神からなされていた。

この精神に立つとき、モノを使い捨て、ゴミにしてしまうことはありえない。今日のゴミ問題は人間の傲慢さ、誤った合理化・効率化観念から生まれているのではなかろうか。

一隅を照らす

人が集まると、このようなことで日本はどうなることであろうかという話が必ずといってよいぐらい出る。しかし、率直に申しますと、それは繰《く》り言《ごと》というものです。それに対する覚悟としては、やっぱりおのおの分《ぶん》を尽くして、伝教大師のいわゆる「一隅を照らす」ということにおいて遺憾のないようにする外ないのです。そしていかなることがあっても、いかなることになっても、悔いのないだけの、恥ずかしくないだけの、言い換えれば万変に応ずることのできる一心を平生において養っておくことです。

（『三国志と人間学』）

これは『三国志と人間学』（福村出版）の冒頭の文章である。ではいかにして「万変に応ずることのできる一心を平生において養っておくこと」ができ、「一隅を照らす」だけの人物になることができるのだろうか。安岡正篤は、歴史とそれを織りなしてきた人物や学問を学ぶことによって、心を養うしかないという。先賢の教えに学ぶことによって、弱い自分を恥じ、一燈《いっとう》を掲げようという肚《はら》ができあがっていく。『三国志』『史記』などの歴史書も、主人公が遭遇している状況に自分を置くと、自分の素養を練っていくよい教材となる。
憂国の心情の吐露《とろ》は、ややもすると「繰り言」に過ぎないと安岡が言うのは意味深長だ。病気になるにはなるだけの理由がある。時局も同じで、なるべくしてなっている。それを好転させていくには、それぞれの持ち分において、「一隅を照らす」努力を重ねていく以外にない。「言葉」ではなく「行為」だ。それぞれの一燈が一隅を照らし、それが集まって万燈となり、あまねく世の中を照らすようになる。生前、安岡が率いた全国師友協会が「一燈照隅、万燈照国」というスローガンを掲げたのもそういう理由からである。安岡の次の詩もその意味である。

学は己のためにす
己《おさ》を為むるは安心立命を旨《むね》とす
志は経世済民《けいせいさいみん》に存す
志を遂《と》ぐるは学に依る
学に依《よ》って徳を成し材を達す
成徳達材を立命す

貧賤に処して慴《おそ》れず

貧乏しても、超然として慴《おそ》れない。面白いのは、慴れるという文字です。これは耳をそばだてて「あいつは何を言うておるのか、何か自分の悪口を言うておりはせぬか」と神経をとがらせておそれることを意味します。そこで立心偏《べん》に耳が三つ書いてあります。人間というものはだらしのない、あるいは意気地のないものでありまして、少しまずいこと、気になることがあると、人が何か言いはしないかと神経をとがらせます。まして貧賤になると気が弱くなり、神経質になるから、貧賤に処して慴れずというのは、よほど人物のできておる証拠であり、このような人物ではじめて富貴にも処することができるのです。

(『易と人生哲学』)

人が自分をどう評価しているか気になるということは、残念ながら人間の常の姿である。ストレスやノイローゼもそこから来るとはわかっているが、人間は他人の評価からなかなか自由になれない。それらに対して超然とすることができれば御《おん》の字だ。では、どうしたら一切《いっさい》から超脱することができるのか。それは、「たとえ人はわかってくれなくても、天はわたしを評価してくれる」と思うことではないだろうか。

それにしても、日本興業銀行（現・みずほホールディングス）特別顧問の中山素平の人となりは考えさせられる。中山は昭和四十（一九六五）年の山一証券救済の日銀特融、昭和四十年代の産業界の再編成、昭和四十八（一九七三）年のオイル・ショックと不況対策など、戦後経済史の大事件のほとんどにかかわってきた人物だ。実業界の荒波を越えてきただけに、自己主張の強い人物かというとそうではない。

中山は昭和四（一九二九）年入行組の中でも出世は遅かった。同期生は貸付に回されることを希望した。算盤《そろばん》ばかり弾いている経理よりも、貸付のほうが華やかだからだ。でも、中山は与えられた経理の仕事に没頭した。同期生たちが先に課長、部長になっていっても、中山は焦らず、自分に任された仕事を丹念にこなしていった。

しかし、光るナイフが捨ておかれることはなかった。実直で公正な中山が次第に注目されるようになった。私欲を超えた判断が尊重されるようになり、それぞれの大事件の中で名行司役を果たしていく。

中山は先賢の名言に自分の行為を照らして考えることは好まない。しかし、その人柄を先賢の言葉に当てはめるとすれば、「貧賤に処して懾れず。以て富貴なるべし」がもっとも近いのではなかろうか。

忠恕の心とやる気

「曾子《そうし》曰く、夫子《ふうし》の道は忠恕《ちゅうじょ》のみ」。『論語』の有名な一句である。

人間がよって立つ現実は決して単純平易ではなく、いろいろな矛盾撞着《むじゅんどうちゃく》を含んでいる。その矛盾対立を統一して、少しでも高い次元へ進歩向上する働きを中といい、忠とはその心である。恕とは如と心との合併文字だが、如とは女の領域分野を意味する文字であり、子どもを生めるのは女だけであり、造化そのものである。この限りなき成育化育の働きを持った造化そのままの心を恕という。強いていえば、忠は進歩向上が主体であり、包容含蓄は恕の本意ということになる。孔子の道は造化そのもの、偉大な包容と無限の創造造化の道なのである。

（『人物を修める』）

住友生命相談役の新井正明《あらいまさあき》は、芦田泰三《あしだたいぞう》社長との出会いが転機となったという。昭和二十一（一九四六）年、新井は人事課長になるが、そのときの人事部長が芦田だった。新井は労働組合の委員長として、交渉の席で芦田ともやり合っていたから、よく知っていた。

その芦田がある日、人事台帳を見て、「君はずいぶん月給のあがりが悪かったなあ」と言った。新井は戦争で片足をなくしていることもあって、行動は鈍いし、九ヵ月兵隊に行っていたというブランクもある。それなりの理由はあった。しかし、芦田はそのあとでこう言った。

「当時の君の上司は人を見る目がなかったんだなあ」

つぶやくような何気ないひと言だったが、この言葉が新井を奮い立たせることになった。人間、正しく評価されたと思うとやる気になる。その後の新井はめきめきと頭角を現わしていく。

そういう経験があるため、新井も「忠恕の心」を旨として、人を活かすように努めた。たとえば、佐藤一斎が美濃岩村藩のために書いた「重職心得箇条」にこんな一節がある。

「自分流儀のものを取り計るは、水へ水を注《ちゅう》す類にて、塩梅《あんばい》を調和するにあらず。平生嫌いな人を能く用いるということこそ手際なり。この工夫あるべし」

自分の好き嫌いで人を使ってはいけない。タイプの違う者を使いこなしてこそ「手際」だというのだ。「人を活かす」という心がけを持っていなければ、ついつい自分中心の人使いに陥ってしまう。

自省と責任

孟子は〝自反〟を説く。自ら反《かえ》ることは人間哲学の厳粛な根本理法の一つだ。自ら反らざれば、それは自ら反《そむ》くことになる。国家・個人を問わず、問題の原因を偏《ひとえ》に外に帰することは潔くない。いかなるときも人間としての正しい考え方は、自分の内部に第一原因を発見することでなければならない。

（『照心語録』）

安岡正篤は「自ら反る」ということを説明して、こうも言っている。

「道を歩いていると、石につまずく。面白いのはその反応の仕方で、人により千差万別だ。自己の迂《う》闊《かつ》を反省する者、石に腹を立てる者、はては石をそこに置いた人間を恨む者まである。日常の一小事だが、ここで自分を反省するか否かが、その人生を大きく左右する。事の大小を問わず、常に自ら反る人にして真に人物として成長するものだ」

事が起きた場合、他人や環境を批判するのではなくて、自分を反省するという心の姿勢を持っている人は、人間として信頼することができる。信頼こそは人望の基である。改善はそこから始まるが、人のせいにする人は愚痴るだけで、自分からは何もしない。『言志四録』に、「一燈を提《さ》げて暗夜を行く。暗夜を憂うことなかれ。ただ一燈を頼め」とあるのも、結局それを指す。自省できる人でなければ、すべての責任は自分にあると言い切ることはできない。

『言志四録』には、次のような言葉も書かれている。

「士は将《まさ》に己にあるものを恃《たの》むべし。動天驚地極大の事業もまたすべて一己より締造す」

この決意があれば、すべてのことは道が開けていく。

現代の病弊の一つは、すぐ制度や法律の改革やマニュアルでもって事の解決に当たろうとすることだ。制度や法律の改革で問題が起きないようにすることは大切なことだが、それらは従属的なことだと自覚しなければならない。主体はあくまでも当事者の心構えにある。

だから人間の教育こそが改革の要なのである。それをないがしろにすると、「のど元過ぎて熱さを忘れ」、制度や法律の目をかいくぐって事を行うようになってしまい、改革は元の木阿彌《もくあみ》になってしまう。それを防止するために、さらにこと細かな法律をつくり、制度を改革するという愚を犯してはならない。

倦《う》むことなかれ

子路が政治についてお尋ねした。孔子言う。

「先頭に立って骨を折ること。ねぎらうこと」

「もっとありませんか」

孔子はいつでも簡にして要を得た答えをされる。だから子路はときどきわからなかったり、簡単に考えたり、つまらなかったりする。もう少し聞かせてほしい。ところがそこは孔子、よく心得ております。

「倦《う》むことなかれ」——途中で嫌になってはいかんぞ、と言われた。


(『論語の活学』)


孔子には多くの門弟がいたが、その中でも代表的な人を、孔門の「四科十哲」と呼んでいる。子路はその十人の一人で、とくに政事に長《た》けており、孔子との問答も政治に関するものが多い。

これは『論語』子路篇についての安岡正篤の講義の一部である。ここで安岡が注目しているのは、孔子が最後に「倦《う》むことなかれ」と諭《さと》されたことだ。人間は結果が出て、自分の思うようにならないとつい嫌になり、投げ出してしまいがちだが、それを孔子は戒めておられるというのだ。

仕事に倦む、会社に倦む、家庭に倦む、学校に倦む、自分の専門領域に倦む――、そんなとき、人間は転職を考えたり、離婚に踏み切ったりするが、多くは自分の姿勢に問題があって「倦」んでいることには気づかない。

安岡自身、途中で投げ出したくなることが何度もあったが、この孔子の言葉を思い出し、思いとどまって初志を貫徹したという。

「継続は力なり」とよく言われる。これは真理だ。継続は「倦」を乗り越えないかぎり成就《じょうじゅ》されることはない。つまり、継続自体、弱音《よわね》を吐きがちな自分との闘いであり、修行なのだ。

千葉県光町の越川春樹《こしかわはるき》が主宰している懐徳塾が五十五周年を迎えた。一口に五十五年というが、毎月一回の講義を五十五年間やり続けたことには頭が下がる。

最初は中学生たちが相手だったが、次第に対象は広がり、父兄、卒業生、それに町の有志たちが集まるようになったという。一燈は万燈になり、ついには国を照らすようになる。中学校の校長だった越川の奮闘に敬意を表したい。

煩わしさに耐える

貝原益軒《かいばらえきけん》が「煩《はん》を厭《いと》うは是《こ》れ人の大病である」とその随筆集『慎思録』に書いております。わずらわしいことを避けて、なるべく簡単にしようとするのは人間の大病であって、そのため人事に関する問題がだめになり、事業が成功しません。どんなにわずらわしいことが多くても、すべて自分のことは自分でやらなければいけません。いくらうるさい、わずらわしいことであっても、順序よくやりますと、意外に苦労が少なくて成功するものです。

（『先哲講座』）

蔣介石《しょうかいせき》も非常に尊敬していたという中国の哲人政治家・曾国藩は、貝原益軒に似たようなことを言っている。「人生、冷に耐え、苦に耐え、煩に耐え、閑に耐え、以て大事を成すべし」、いわゆる「四耐」である。世間の冷たいことに耐え、苦しみに耐え、煩《わずら》わしいことに耐え、閑《ひま》に耐えてこそ人間ができ、大きな仕事もできるという意味である。

煩わしいことを避けようとする人間の常の逆を行った男がいる。ビジネス情報センター代表取締役の下村澄《しもむらきよむ》である。下村は、以前、毎日放送の株式番組担当の記者だった。そのころから下村は毎日会った人に必ずお礼の手紙を筆で書いて出した。毎日、数十通の手紙を書くなどということは、煩わしさの極致だ。忙しくてとてもそんな時間はないというサラリーマンの声が聞こえてきそうだ。

しかし、丁重な手紙を出したことで儀礼的な付き合いに終わりがちな人との交際も始まり、いつしか下村はたいへんな数の友人を持つに至った。担当が株式番組だから、いろいろな企業のトップとも知り合いになる。それら経営者たちがいろいろな会合で毎日放送の社長に会うと、お宅の下村さんにはお世話になっていますという話が出る。

「えっ、うちの社員にそんな男がいるのか」

と調べた結果、下村という存在が浮かび上がってきた。〝灯台下《もと》暗し〟。下村の場合、社外の人びとが彼の存在を証《あか》してくれたのだ。

下村は社長秘書に抜擢され、いよいよ人脈は広がっていった。また、ニュービジネス協議会が発足するにあたっては、その要ともいうべき、専務理事への就任を要請された。下村の人生は、「煩わしさに耐える」ことが、どれほど人生を変えるかという実例である。

驕りと吝嗇

〈孔子《こうし》が言われた。「たとい周公《しゅうこう》のような才能があっても、人に驕《おご》りかつ吝嗇《りんしょく》であったならば、そのほかのことは観るまでもない」〉

これは孔子の人間というものに下された力強い断案です。驕かつ吝であるということは、つまり徳がないことです。だから徳がないような人間は、ほかのことがいくらよくできても、論ずるに足らないということになります。

（『論語の活学』）

『論語』泰伯《たいはく》篇の講義における安岡正篤の言葉である。安岡は学生時代、マルクスの理論を教わり、自分でも『資本論』を読んでずいぶん研究したという。しかし、ふと気がつくことがあって、それではマルクスという人間はどういう男かと調べてみた。すると、マルクスに対する身近な友人たちの評価は決してよくはなく、驕かつ吝のはなはだしい人間だという。それで安岡は、その社会改革理論にいたく失望したという。

しかも、そのうちに驕かつ吝は共産主義者に共通した弊害であることがわかった。

マルクス主義はその思想の持ち主を少しも向上させることがないことを知るに及び、この思想で国家建設を行ったらたいへんなことになることに気づいたという。

マルクス主義は物欲の思想である。人間のさまざまな情欲を肯定すべきものと、否定、矯正すべきものに分けないため、権力を握れば握るほど私欲が出て、革命前は思ってもみなかったような悪弊が横行することになる。

「おれが政権を握ったなら――」

という思いが我欲の遂行になりがちだ。組合幹部もいつしか社長を真似て、奢侈《しゃし》放《ほう》縦《じゅう》に陥ってしまう。王陽明の言う「山中の賊《ぞく》を破るは易く、心中の賊を破るは難し」という自戒が存在しないと、いつしか労働貴族と陰口を叩かれるような存在に陥ってしまうのだ。

資本主義はそれら人間の諸悪に対しては無能であるけれども、チェック機能を設けることによって、悪弊に陥った者は排除するようにしてきた。そこでかろうじてこの体制はもってきたのである。

驕り、たかぶり、吝嗇は宗教・道徳の課題である。人間の性格の中には否定し矯正しなければならないものがあることを自覚し、修行してこそ、社会の正義は保たれていく。宗教・道徳の使命はますます高まっているといえよう。

足るを知る

昔、栄耀栄華《えいようえいが》の中に暮らしていたある王が一向に心楽しまず、真の幸福を求めてやまなかった。たまたまある有名な占い師がいて、何でも願い事をかなえる道を教えてくれるという。早速王は彼を招いて聞いた。占い師はそれは簡単なことです、国中を探して自分は真に幸福だと思っている人間を見つけ出し、その肌着を譲ってもらって身につけることですと教えた。

王は大いに喜んで早速国内くまなくその人間を探させたが、誰も彼も不平不満を並べる人間ばかり。真に自ら満足している人間は見当たらない。たまたま一人の捜索吏が、ある山中の羊飼いが悠々として日々の生活に満足しきっているのを発見した。何でも望みの品を与えるから、どうかお前の肌着を譲ってくれと頼んだところが、その男は当惑して上衣の胸をはだけて見せた。何と肌着など着ておらないのである。

(『人間を磨く』)

少し長くなったが、安岡正篤の「ある王と羊飼いの話」から引用した。この話はS

・カンドゥ神父の『永遠の傑作』にあるという。昔から「足るを知る」ことは重要なことだと教えられているが、現実の生活では忘れてしまうことが多い。

「一木一草みな仏」の項（一四八頁）で、毎日会社のトイレや周辺の道路を丹念に掃除されているローヤル社長の鍵山秀三郎のことを書いたが、それに対して読者から手紙をいただいた。以下はその手紙からの引用。

「ローヤルを訪問して、会社に入ったとたん、廊下も部屋もあまりにピカピカなので驚いてしまいました。あれほどに部屋を磨きあげるんですから、商品に対する姿勢は言うまでもありません。それ以来、ローヤルと取引しています」

「『うちのトイレはビヤホールのジョッキよりも清潔です』と鍵山社長さんは言われました。社長さん自身、四十五分もトイレの掃除に費やしておられるそうです。社長さんにとってトイレはまさに禅道場だそうです」

「あの方の敵は人ではなく、自分です。自分に厳しい。だから社員もついていく。社長は、トイレ掃除は社員に対するわたしの感謝の行為ですと言われます」

鍵山自身、足るを知り、感謝して日々の生業に取り組んでいるから、その姿勢がいつしか社員に伝染する。社風が満ち足りた雰囲気であることは言うまでもない。小さなことに感謝できるようになれば、日々が楽しくなるのだ。

死に方を考える

私は王陽明《おうようめい》のような、ニュートンのような臨終が懐かしい。陽明は世宗の嘉靖《かせい》七年、両広諸蛮《りょうこうしょばん》の乱を平定して帰京の船中、門弟たちを枕頭に呼びよせて、いとも安らかに「われ去る」と言ったきり、しばらくして瞑目した。ニュートンは臨終に枕頭の懐中時計をとって、静かにその竜頭《りゅうず》を巻きながら、眠るがごとく息を引き取ったそうである。渚に立っておもむろに退いていく潮、悠然として沈む夕日を観るたびに、私はこうした尊い死を思う。衷《うち》に安立するところがなければ、どうしてこのような平和を得ることができようか。

（『身心の学』）

これは大正九（一九二〇）年七月号の「日本及び日本人」に掲載された、安岡正篤が東京帝国大学二年生、二十二歳のときの文章である。題は「蘇東坡《そとうば》〈養生〉の法」である。私事を申し上げて恐縮だが、安岡の数多くある著作の中で、わたしはこの一文の冒頭と、ここに引用した文章の最後が一番好きだ。

安岡はこれらの偉人の臨終をあげて、「衷に安立するところがなければ、どうしてこのような平和を得ることができようか」と喝破している。事を成就し、満ち足りて従容《しょうよう》として死につくことができるか否かは、生前の時間の使い方にかかっているというのだ。

このことに関連することで、安岡は『先哲講座』（致知出版社）でも、宋の朱新仲《しゅしんちゅう》の「よりよく生きるための五計」のことを紹介している。生計、身計、家計、老計、死計の五つだ。

一番目の生計とは、健康問題。病気をしたり、若死にしない工夫のことだ。

二番目の身計とは、自分の人生をどう生きてゆくかという問題。

三番目の家計とは、一家をどういうふうに維持していくかという問題。

四番目の老計とは、いかに老いるかという問題。

佐藤一斎の『言志四録』に、「少《わか》くして学べば、壮にして為すあり。壮にして学べば、老いて衰えず、老いて学べば、死して朽《く》ちず」とある。定年退職とともに、人も訪れなくなって寂しい晩年を過ごすか、それともますます人が集まってきて盛んになるかは本人次第である。老計があるかないかはそこに現われてくる。

五番目は死計。いかに死ぬかという問題。人間は人生が有限であることを自覚したとき、その時その時を大切にしようと思うのだ。

第六章　理想と志

心能《よ》く天を包む

人間というものはある全きものでなければならない。人間の生命というものは、無限にして永遠なるものです。その偉大な生命が何らかの機縁によって、たまたま一定の存在になり、一つの形態を取るのです。そこでわれわれが存在するということは、すでに無限の限定である、無限の有限化であることを知る必要がある。この有限化を常に無限と一致させるということが真理であり、道理であり、道徳なのです。

（『運命を開く』）

安岡正篤は揺れ動く時局の外にあって大勢を眺めていたから、歴代宰相や大企業の経営者が困ったときには、安岡を招いて判断を仰いでいた。その安岡は「人間は偉大な生命が何らかの機縁によって、たまたま一定の存在になり、一つの形態を取った」に過ぎないと言い、いつも天に相対《あいたい》するようにしていた。だから「有限」でしかない自分を切磋《せっさ》琢磨《たくま》してかぎりなく高め、「常に無限と一致」させようと努力したのだ。

大阪府四条畷市飯森山《しじょうなわてしいいもりやま》の鬱蒼《うっそう》とした森の中に、成人教学研修所がある。安岡が建てた研修所だ。その応接間に、安岡自身のこんな揮毫《きごう》がかかっている。

布能《よ》く物を包み
身能く徳を包み
心能く天を包む

「有限なはずの人間だが、じつは無限大の天をも包含できるようになっている。天はありがたい。なんたる配慮であることか」

という安岡の賛嘆の声が聞こえてくるようだ。

この研修所は、いまでも一般人の研修、社員研修、それに子どもたちの研修に使われ、活気に満ちている。人間がかぎりなく天に近づくことができるためには、いつも学び研鑽しなければならないとした安岡の姿勢はここにも生きている。

安岡のこの言葉は、安岡が「かってない大人物」と畏敬した西郷隆盛の「人を相手にせず、天を相手にせよ。天を相手にして、己れを尽くし、人を咎《とが》めず、我が誠の足らざるを尋ぬべし」という言葉を想起させる。秀でた人物は、心の中に「天を相手にする」という意識を持っているのである。

理想と志

人格の原質ともいうべき第一は気力、肉体的、精神的な力である。これは案外見てくれの身長や肉づき、外見的な体格、言語、動作に表れている向こう意気というものではない。むしろそういう点では振るわない、もの静かなふうであっても、事に当たると、ねばり強い、迫力や実行力に富んだ人がいる。潜在エネルギーの問題である。孟子で名高い「浩然《こうぜん》の気」がそれである。この気力が養われていなければ事に耐えない。せっかくの理想や教養も、観念や感傷になってしまい、人生の傍観主義者・孤立主義者・逃避主義者、あるいは卑屈な妥協主義者になってしまう。（『大和』）

安岡正篤に「人物を磨く」ことについて語らせたら、右に出る者はなかったと。安岡が「帝王学の師」と呼ばれるのもそこからきている。

その安岡は、人格の原質の要諦は気力、精神力だと言う。そしてそれは「必ず実現せんとする何物か」を発想している。これを理想と言い、志と言う。したがって、理想、志を抱くことは、生命力が旺盛な証拠だという。

佐藤一斎の『言志四録』は理想、志を抱くことの大切さを、発憤心、すなわちやる気という観点からこう説いている。

「憤《ふん》の一字は是れ進学の機関なり。『舜《しゆん》何人ぞ、われ何人ぞや』とは、まさに是れ憤なり」

これは、孔子の高弟・顔淵《がんえん》が、「理想の君主といわれた舜だって人間だ。わたしも同じ人間だ。やってやれないことはない」と自分を叱咤《しった》激励して勉学に励んだことを指している。

佐藤一斎は物事に感じて奮い立つ心、すなわち憤こそが、人間を向上させる原動力だと言う。そして憤こそが、人生の理想の実現に向かって情熱をほとばしらせると説いた。

安岡は常に肝胆相照らす人物を求めて人生を全《まっと》うした人だが、次の一文は彼の心情を語っていよう。

「人間最も憾《うら》むべきを酔生夢死という。まことに感激なくして何の人生ぞ」

心しないと人生はあっという間に過ぎてしまう。だからこそ、人間に感激を与え、「必ず実現せん」とする情熱を与える理想が必要なのだ。理想や志を与え得ない教育は、人物を育てることはできない。

習慣と第二の天性

イデオロギーは要するに看板である。看板の塗り替えは至極簡単である。それよりも真理を生活しなければならぬ。名を公共や大衆に借りて私憤を晴らしたり、私欲を遂げる癖を直そうではないか。人間には四つの要素がある。徳性と知能、技能、および習慣である。徳性が本質で、知能や技能はいくら有用・有意義でも、属性的なものである。習慣は徳性と離すことのできないもので、第二の天性といわれる。知も技もこれに結ばれなければ本物にはならない。習慣を軽んずるのは人間の破滅である。

(『百朝集』)

安岡正篤は「習慣」と題するこの文章の前に、『アミエルの日記』から次の文章を引用している。

「人生の行為において習慣は主義以上の価値を持っている。何となれば習慣は生きた主義であり、肉体となり本能となった主義だからである。誰でもが主義を改造するのは何でもないことである。それは書名を変えるほどのことに過ぎぬ。新しい習慣を学ぶことが万事である。それは生活の核心に到達するゆえんである。生活とは習慣の織物に外ならない」

生き方は行為となり習慣となってこそ本物である。したがって、「習慣を軽んずるのは人間の破滅」である。

大蔵省理財局長、国土庁事務次官から広島銀行会長になった橋口収《おさむ》は役人の例にもれず二十数回の人事異動、転勤を経験している。それらを振り返ってみると、いい仕事、自分が行きたいところに回されたのは、三分の一くらいだという。あとの三分の二は、地理的にハンディのあるところだったり、日の当たらないポストだったりした。そのとき、橋口は考えた。

「地理的にハンディのあるところは、まだ仕事が十分に開発されていないことが多い。いい仕事のなさそうなポストは普通仕事をしないから、逆に仕事が隠されているのではないか」

そう思ったときに、不遇だと思い、へこたれがちになる自分を励まして、思わぬ実績をあげることができた。その前向きの姿勢が習慣となり第二の天性になったころ、橋口は決して投げない男だと評価されるようになったという。

思想は行為となり習慣となってこそ本物であることの実例である。

初心に返る

『菜根譚《さいこんたん》』に「事窮《きわ》まり、勢い蹙《ちぢ》まるの士は当《まさ》にその初心を原《たず》ぬべし。功成り、行満つるの士はその晩節を見るを要す」とある。人生の行路が行き詰まってしまって勢いも蹙まり、意気があがらず、どうにもこうにもぺしゃんこになってしまったときは、そこでへこたれず、必ず元気があった初心を原ねよ。そうすれば新しくまた出直すことができる。「功成り、行満つるの士」はその末路を考えなければならない。ここでやれやれと思うと、老け込んでしまったり、あるいは有頂天になって弛んでしまう。そのときはどうしたら晩節を全うすることができるかと思索せよ。これが易を学ぶということだ。

（『活眼活学』）

平成四（一九九二）年二月一日、前年五月場所で引退した名横綱千代の富士（当時三十五歳）が、二十一年間なれ親しんだまげを切り落とした。この日、両国国技館で開かれた横綱引退・陣幕《じんまく》襲名相撲には、一万一千名のファンが駆けつけたのを見ても、人気の凄さがうかがえる。

ウルフと呼ばれ、海外でも人気の高かった筋肉質の小さな横綱千代の富士が成し遂げた記録は、優勝三十一回（歴代二位）、全勝優勝七回（歴代三位）、五十三連勝（歴代二位）、九州場所優勝八回（歴代一位）など。横綱に昇進したのは二十五歳になってからで、遅咲きだったが、それから十一年間横綱の地位にあって、ウルフ旋風を巻き起こした。

その名横綱も平幕時代、足踏みが続き、これ以上の昇進は望めないと諦め、廃業を考えたことがある。九重親方ももうだめだと思ったという。もしそのとき廃業していれば、われわれは不世出《ふせいしゅつ》の横綱の出現は見ることはできなかった。

それを諌《いさ》めたのが父親の秋元松夫だ。父親の諭《さと》しによって千代の富士は心機一転、初心に返って相撲に取り組み、昭和五十六（一九八一）年、とうとう横綱になった。習慣のようになった肩関節脱臼《だっきゅう》で休場したとき、誰もいない土俵で黙々と稽古に励んだ。脱臼をしないためにはバーベルなどで筋力トレーニングを積み、肩の筋肉をつけるしかない。偉大な成績の陰にはそういう努力があったのだ。

人生、〝苦あれば楽あり〟という。しかし、待っていて楽は訪れない。苦境を乗り越える努力をしてこそ、楽な日が来る。千代の富士の土俵はその手本だった。

第一級の資質

明末の哲人・呂心吾に『呻吟語』があり、心ある人々の教養の書として愛読されている。「深沈厚重は是れ第一等の資質。磊落豪雄《らいらくごうゆう》は是れ第二等の資質。聡明才弁は是れ第三等の資質」。大抵はこの順序を逆に考えて、聡明才弁が一番偉くて、深沈厚重をまるで鈍物のように思う。が、それは世俗のことで、本当はここにいわれる通りである。聡明才弁の人は、とかく鋭角的になり過ぎる。したがって磊落豪雄になれるように修養しなければならないが、そうするとどうも人間に気負いが生ずる。この徳を養ってはじめて本当の磊落豪雄にもなるわけであって、そうでないと似せ豪傑のようになってしまうといっている。人間学の典型的な名論である。

（『活学』）

安岡正篤は「どっしりと深く沈潜し、厚み、重みがあるのは、人間として第一等の資質である。大きな石がごろごろしているように線が太く、物にこだわらず器量の大きいのが第二等、頭がよく才があり、弁が立つというのは第三等である」と説いた。これは、人が活き活きとし、その能力を発揮できるようにするためには、自分はどうなければならないか、という発想で見てみるとよくわかる。

戦後、日本経済を左右した事件にことごとく顔を出し、采配を振るった日本興業銀行（現・みずほホールディングス）特別顧問の中山素平の人柄と行動は、呂心吾の人物論を裏打ちしているように思う。

中山は決して独りで行動しなかった。必ず仲間を呼び集め、みんなが行動を起こせるようお膳立てをした。安岡が指摘するように、中山という人物は「聡明才弁の人は、とかく鋭角的になり過ぎる」のではなく、「どっしりと深く沈潜し、厚み、重みがある」のだ。だからみんなが「中山さんの言うことなら……」と行動をともにした。中山が公正だったことが、長年、財界のご意見番として頼りにされてきたゆえんである。

第一級の資質も左記のような心がけに裏打ちされるとき、いっそうの光を増す。

「金を積んで以て子孫に遺《のこ》すも、子孫未《いま》だ必ずしも守る能《あた》わず。書を積んで以て子孫に遺すも、子孫未だ必ずしも書を読まず。陰徳を冥々《めいめい》の中に積んで以て子孫長久の計を為さんに如《し》かず」（司馬光）

人の目に触れないところで徳を積む以上に、子孫に遺す財産はない。こういう価値観を持って粛々と生きたいものである。

実際家に必要な三識

元来、識《しき》にはおよそ三つある。その一つは知識。これは人の話を聞いたり、書物を読んだりして得る、ごく初歩的なものであり、薄っぺらである。これに経験と学問が積まれて見識にならなければいけない。さらにその上に実行力が加わって初めて胆識《たんしき》となる。したがって、知識だけではだめで、知識が見識になり、その見識も最後には胆識となって、初めて役に立つ。実業家、政治家等々、いわゆる実際家ほどこの三識《さんしき》が要求される。

(『先哲講座』)

三識のうちの胆識とは豪放磊落《ごうほうらいらく》なものであるかのように思いがちだが、必ずしもそうではないらしい。幕末の思想家の吉田松陰《よしだしょういん》は志士の源流であることから、非常に厳格な人だったろうと思われがちだ。しかし、土地の古老の話によるとそうではなく、きわめて優しい人であったという。

たとえば十二、三歳の子どもがその日の学びを終えて帰るとき、松陰は門まで見送って出て、子どもたちの肩を叩いて言ったという。

「無事にお帰り。明日また来るんだよ」

獄から出てわずか三畳の部屋で謹慎していたとき、庭に遊びにくる子どもたちを手招きして、机の上の小皿から砂糖をひとつかみ与えて、いろいろ話をしたとも聞く。その丁寧な言葉遣いは子どもに対しても、長じた塾生に対しても変わらなかったという。松陰がこれほど柔和《にゅうわ》だったと知り、胆識とは人の成長を見守るやさしさをも培《つちか》うものであると知る。

松下電器相談役の山下俊彦《やましたとしひこ》も外見から見ると、偉大な経営者には全然見えない。しかし、労働争議で荒れていたウエスト電気を立て直し、冷機（現・エアコン）事業部長時代は、業界最下位だったエアコンを四年目にして一位にもってきた実績は、山下が知識だけの人間ではなかったことを物語っている。

昭和五十二（一九七七）年、山下を松下幸之助が二十五段飛びで十五万社員の社長に選んだとき、山下はそれを受けて立つ肚《はら》はできていた。松下幸之助の女房役・高橋荒太郎は、山下を「雑草のようなたくましさを持った男」と評したが、そのたくましさが松下電器を蘇生させた。成長著しい情報通信分野にも乗り出し、松下電器を総合エレクトロニクス・メーカーに脱皮させたのだ。知識、見識が胆識となるとき、雑草のたくましさものにする。

名を成す

人間というものは、たとえいかなる地位、境遇にあろうとも、四十五十になってその人となりに人間ができてくると、必ずそのおるところ、おる範囲において、人の目につくものである。評判になるものである。だからその年になって存在がわからないような人間は、畏敬するに足らない。

(『論語の活学』)

これは安岡正篤が、『論語』子罕《しかん》篇の「子曰く、後生《こうせい》畏るべし。焉《いずく》んぞ来者の今に如《し》かざるを知らんや。四十五十にして聞こゆること無くんば、斯《こ》れ亦《また》畏るるに足らざるのみ」を解釈した中で述べていることである。「四十になったら自分の顔に責任を持て」とはよく言われることだが、それに関して安岡はこうも言っている。

「やはり人間というものは、四十五十にもなったら知己――己を知ってくれる者を持たなければいけない。また、あるのが当然で、それがないというのは、その人の不徳である」

自負心の強い人、名を成すに至らなかった人に、世をすね、孤高を守り、世間を見下している人があるが、それは誤りである。人が慕ってこない事実がすべてを語っている。

同じような言葉が『論語』にある。「子曰く、年四十にして悪《にく》まるるは其《そ》れ終わらんのみ」（陽貨篇）。人間、年の四十にもなって、人から見切りをつけられるようでは、もうおしまいだという意味である。不惑の年（四十）になっても、なお実っていないということは悲しむべきことだ。

安岡は酔生夢死の人生に陥らないように気をつけるように言ったが、人間はその反省を怠ると、つい自戒が足らない、あいまいな時間を過ごしてしまうものだ。人生は妥協しがちな自分との闘いだといえよう。

耳の痛い言葉をもう一つ。南宋の哲学者で朱子学の創始者である朱熹《しゅき》に、「勧学文」というものがある。「少年老いやすく、学なりがたし」の言葉と同じく、つい無為な時間を過ごしがちなわたしたちに、はっと気づかせてくれる貴重な言葉が書かれている。

「謂《い》う勿《なか》れ、今日学ばずして来日ありと。謂う勿れ、今年学ばずして来年ありと。日月逝《い》きぬ、年、我とのびず。あゝ老いぬ、これ誰の過ちぞや」

日々の刻苦勉励を怠ってはならない。

志は気の帥なり

大切なものは「志」です。志気、志操、志節といわれるものです。これは気力から生まれてくる。そもそも気力とは、その人の生を実現しようという絶対者の創造的活動であるから、(人は志を持ち)必ず自ら実現しようとする何物かを念頭に発想するわけです。志気は現実のさまざまな矛盾抵抗にあっても容易に挫折したり消滅することなく、一貫性、耐久性をもって「志操」になり、「志節」になります。現実の矛盾、抵抗に屈しない意味では「膽気《たんき》」とも申します。

(『朝の論語』)

安岡正篤は、気力、すなわち浩然の気に続いて、志気、志操、志節の大切さについて語っている。中でも非常に啓発されるのは、気力を「その人の生を実現しようという絶対者(天、神、仏)の創造的活動である」と言っていることである。つまり、「絶対者の創造的活動」に心をチューンナップさせなければ、自己実現はおぼつかないと言うのだ。

そこでなぜ古来から静坐(キリスト教で言う「祈り」)が重要視されてきたかであ

る。残念ながら、日常生活では雑多なことに心が奪われている。だからこの日常からしばし離れ、心を絶対の世界に向けることが必要なのだ。

坐って心静かに掌《て》を組む。考えるでもなく、考えないでもなく、瞑想する――。すると、おぼろげに絶対者の心が明らかになってきて、自分でなければ実現できない貴重な人生を実現しようと覚悟が固まっていく。そこで自分の栄誉栄達ではなく、私利私欲を超えた考え、すなわち「天命」を発見する。浩然の気も、じつは絶対者からくるものなのである。

安岡は志、すなわち「こうしようと心に決めたこと」は、絶対者に波長を合わせたところから生まれてくると説く。だから、「(志を持ち) 必ず自ら実現しようとする何物かを念頭に発想する」とき、現実のさまざまな抵抗にあっても挫折することなく、実現されていくのだ。実現せずにはおかないという気迫、膽気も、天からくるものであるから、我執《がしゅう》ではなく、厭味ではなくなるのだ。

哲学者の森信三は、天命に目覚めた人間は、その理想が成就するまでは、天はその人を生かしておくものだと言っているが、わたしもそう信じる。天が自らの理想を実現する媒体が人間である。したがって天にとっても、目覚めた人間というのはじつに貴重なのである。

徒に生きない

徒《いたずら》に生きないということは、節義を立てるということです。
「節義は人の体に骨あるが如し。節義あれば不骨・不調法にても、士たるだけのことには事かゝぬなり。鎌倉武士の無学無術なるものも、ひたすら節義を心掛けし故、事に臨み、死に臨み、天晴《あつぱ》れなる士と見ゆるぞかし」(『何傷録《かしようろく》』)
真木和泉《まきいずみ》のこの見識は確かに人間に背骨を入れたほどの意義あるものです。

(『人間学のすすめ』)

安岡正篤は『人間学のすすめ』(福村出版)で、偉大な歩みを印《しる》した何人かの日本人について書いている。荻生徂徠《おぎゅうそらい》、細井平洲《ほそいへいしゅう》、大塩平八郎《おおしおへいはちろう》、熊沢蕃山、中江藤樹《とうじゅ》、森《もり》田節斎《たせっさい》、そして真木和泉である。安岡は真木和泉の章に、「徒に生きない信念」と書いたが、否定の語句が強い意思を表わしている。

周知のように、真木和泉とは、幕末の尊攘派の志士である。しかしながら藩政改革に破れ、四十歳で蟄居《ちっきょ》を命じられ、四畳半と四畳だけの粗末な藁葺《わらぶき》家に押し込められる。真木はその陋屋《ろうおく》に山梔窩《くちなしのや》と名づけ、これは「天より余《われ》に徳をなさしむる」機会ととらえ、大いに精進した。

ほどなく山梔窩は有為の青年たちが集まって学びを受けるようになった。この蟄居は十一年の長きに及んだが、真木和泉は清川八郎が「鎮西《ちんぜい》第一の人物」と称したほどの人物となった。

人間何が幸か不幸かわからないものである。この間、安政の大獄があり、勤皇の志士は一網打尽にされている。文久二（一八六二）年、真木は解放されると獅子《しし》奮迅《ふんじん》の働きを始めた。翌年の八月十八日の政変で、真木は七卿とともに長州に落ち、元治元（一八六四）年には長州藩兵とともに上洛するが、禁門の変に破れて天王山で自刃《じじん》した。

真木が蟄居中に書いた『何傷録』にはこんな文章が見える。

「人と生まれては、高きも賤しきもせねばならぬものは学問なり。学問せねば、わが身に生まれつきたる善あることもえしらず、まして他の人の徳あるもなきもわきまへず、また昔を盛んなりとも、いまを衰へたりともしらず、いたづらに五穀を食《くら》ひて、前向きて歩むばかりのわざにて、犬猫といはんも同じことなり」

徒に生きないという気迫が伝わってくるようだ。

政治家と現実

政治の理念がどうあろうと、その実際は名誉・利権というようなものと密接に結びついている。酒や女の誘惑はまだ罪のない方で、利権、名誉、わけても支配的権勢となると、もっとも深刻な魅力である。国家のためとか、民衆のためとか、奉仕とか公僕とか、平生どれほど無欲で謙虚なことを口にしていても、いざ政権の争奪となると、またひとたび政権を取ったとなると、どう堕落しやすいか、これは誰もが知っていることである。

(『東洋宰相学』)

「覇道《はどう》を排して王道を」と始終唱えていた安岡正篤は、政治の実際を知らなかったわけではない。政治家の繁忙ぶりについての彼の記述を見ると、政治家に同情したくなるほどだ。

「政治家は恐ろしく多忙である。たえず訪客や会合に体を占領され、それも大部分俗悪で雑駁《ざっぱく》な問題に頭脳を使い、始終時間に追われている。訪客や会合の隙《すき》をくぐって自分も奔走《ほんそう》しなければならない。

こういう多忙や奔走というものが、どんなに人間の心情を荒《すさ》ませるかは言うまでもない。同じ多忙でも、世のため、人のため、全身心を打ち込んでいる人の多忙とは違い、疲労と内面的な不満は免れない。まして党派の中に伍して、対立や紛争に駆り立てられる生活がどんなものであるかは想像に余りがあろう」（前掲書）

こうして政治家たちは身も心も荒《すさ》ませていく。

しかし、国民は馬鹿ではない。政治家が利権を持っているためにすり寄っては行くものの、好悪の情は持っている。利権政治家はいつしか反感侮蔑《ぶべつ》の対象となり、機会を得て捨てられる。そして、国民は政治に必要以上のものを期待しなくなる。政治への期待がなくなれば、いっそう政治家を荒《すさ》ませ、堕落させていく。

そうなってはならない。だからこそ、政治家は修行を積まなければならない。政策によっては国民の運命を左右し、世界史にさえ重大な影響を与えてしまうことを畏《おそ》れなければならない。政界は権謀術数が常の世界ではあるものの、それだけに淫《いん》したら、力だけが横行する世界になってしまうことを自覚しなければならない。政治は汚いと毛嫌いする前に、政治はまた国民のレベルの反映であることも肝に銘じておこう。

艱難は汝を玉にする

牢獄へ入れられても島流しにあっても、悠然としてふだんと変わらないようになるのには、よほど自分を作らなければいけない。そういう意味では、不遇・逆境というものは自己を練るもっともいいときだ。心がけがよければ、牢獄のなかでもずいぶん学問はできる。

(『知命と立命』)

「成功、常に辛苦の日にあり。敗事、多く得意の時に因《よ》る」

『菜根譚《さいこんたん》』の中の有名な言葉である。艱難《かんなん》は自分を玉にするとは誰でも知っているものの、渦中にあればうろたえてしまうのが人間の実情だ。

「電力の鬼」といわれた松永安左エ門は人生の辛酸を嘗《な》めつくし、最後は今日の電力業界をつくりあげるに至った人だが、彼も「魅力ある男をつくりあげるもの」として、闘病生活、投獄生活、浪人生活という三つのことをあげている。

その松永が若いころ、石炭ブローカーをやっていた。明治三十七(一九〇四)年二月、日露戦争が勃発した。戦争だから石炭はいくらでも売れる。一日五百円の儲けがあったので、それを元手に株をやったところ、たちどころに十万円になり、四十万円になった。いずれ総理大臣になろうという松永はこれを十倍の四百万円、いまの金額に直して二百億円から三百億円にしようとして、ますます株につぎ込んだ。ところが翌年戦争が終わり、明治四十（一九〇七）年一月の株の大暴落でスッテンテンになった。三十三歳のときである。

このころは人生五十年と言われているころだから、三十三歳で挫折したらもう再起は難しい。死ぬまであと十七年しかない。ところが、松永はそうは考えなかった。

「あと十七年もある。それならここで数年遊んでもよかろう」

神戸の灘《なだ》の浜辺に小さい家を借りると、松永は猛烈に古典を読み出した。いったい自分は何のために生まれたのか。何のために実業家になったのか。人生の原理原則を根本的に問い直し、瞑想した。

そのときたどりついたのが、「自ら靖んじ、自ら献ずる」という『書経』の言葉である。求道を通して安心立命の境地に達し、自分の命を賭けることができる仕事を見いだしてこその人生だ。仕事が世のため人のためという目標を失ったら何の意味もない。その後、電力業界をつくりあげていく松永の信念はそこにあったのだ。

人生は習慣の織物

私が第一高等学校にいる時分に、ユンケルというドイツ語の先生がいた。われわれはよく怠けた。与えられた宿題をやってゆかない。「この次、やります」などと言って逃げたら、「わがドイツにこういう格言がある。みなよく覚えるように」と言われた。

Morgen, Morgen, nur nicht heute! Sprechen immer träge Leute. ――Weisse

（明日やる、明日やると言って、明日になれば、また明日やる、まあ今日だけは、といつでも怠け者は言うものだ――ワイセ）

（『知命と立命』）

人間の常を戒めていて身につまされる格言だ。わたしも小中学生のころ、いつも父母から戒められたのは、「明日ありと思うは怠け心に似たるかな」という格言を引いてだった。現在わたしは、仕事は敏速に片づけることを旨としているが、それは父母のお陰である。「人生は習慣の織物だ」とはまさしく人生の真理だ。しつけとはよい習慣を培うことでもある。

ところが凡人は、求道とは山に入り、滝に打たれてする何か特別な荒行《あらぎょう》のことだと思いがちだ。わたしもその例に漏れず、学生時代、久住山《くじゅうさん》の山中に籠って滝に打たれたり、厳冬期、雪に閉ざされた阿蘇中岳のお堂に籠って坐禅した。そのときはいかに生きるかを求めて必死だったが、後から考えてみると、ピントはずれの求道をしていたように思う。残念ながら、求道は日常の生活の工夫と精進にこそあるのだ、ということを見落としていた。

スイスの思想家C・ヒルティは、「人間の人となりは礼節と同様、小事に現われる。小事の正しさは、道徳の根底から生じる。大上段に構えた大げさな仕種はおうおうにして、その人の人柄を伝えていないことが多い」という意味のことを述べている。小事の工夫、日常生活の工夫、これを等閑視していては、人間はできてこない。「おれは本番ではちゃんとやるから、ふだんはやかましく言うな」という人がいる。それは間違いだ。ふだんでもちゃんとやれないのに本番でピシッと決められるわけがない。まさに「山中の賊を破るは易く、心中の賊を破るは難《かた》し」（王陽明）なのである。

いまも昔も人の心理には変わりがないようで、自分を律することを忘れて、政治や経済や社会のことを論じやすい。それは大地に足がついていない独りよがりの主張になりやすいということを肝に銘じておくべきだ。

第七章　教育と敬

敬と恥

西洋では物を始終分けて考えたり、説明することに長じています。明治以来われわれはこの西洋流の思考方法になれた。それが画一的に支配するようになって、宗教と道徳というものを、截然《せつぜん》と何か二物のごとく分ける考え方が普及しました。これは東洋流にみると大きな誤りです。人間は道徳じゃあまだだめだ、宗教にならんといけない、こんなことを言う人がよくあります。こういうのを一知半解と申します。

両者は一体のものです。ただ表現、現れ方が違うだけです。要するに人間一番大事な失ってならぬものは敬と恥です。敬う、参るということ、恥じるということ、恥じるから慎む、戒める、修める。敬うからそれに参る、侍る、あるいはすべてを捧げるというような没我になるわけです。

（『日本の父母と青年に』）

われわれはルース・ベネディクトの『菊と刀』以来、一つの観念に支配されてきた。すなわち、「恥」という感情は人間同士の間で感じるものだから相対的で低次のもの、キリスト教で説く「罪」は創造者たる神の前で抱く感情だから絶対的で高次のもの、という考え方である。「人間は人間によって磨かれ、人間となる」というのは、人間の性情を踏まえた真理である。恥ずかしく思う感情が人を刻苦勉励させるのだ。安岡正篤が指摘したように、「道徳はだめで、宗教はいい」という考えもこれに類する。人間は、「恥じるから、慎み、戒め、修め」ようとし、「敬うから、それに参り、侍《はべ》り、すべてを捧げようという没我的姿勢になる」のだ。

安岡はさまざまな講演で、「人間、一番大事な失ってならないものは敬と恥だ」と強調している。宗教と道徳は一体のもので、ただ現われ方が違うだけだという。次の説明を聞くと、宗教と道徳との関係がいっそうよくわかる。

「敬という心は、言い換えれば少しでも高い境地に進もう、偉大なものに近づこうという心であります。それは同時に自ら反省し、慎み、至らざる点を恥ずる心になります。少しでも高きもの、尊きものに近づき従ってゆこう、仏・菩薩《ぼさつ》・聖賢《せいけん》を拝みまつろうということが建前となると、これは宗教になる。省みて恥じ、懼《おそ》れ慎み戒めるということが建前となると、道徳になる」(『人間学のすすめ』)

若い世代が宗教心がなくなったと嘆く前に、わたしたちがまず神仏に対して自分の襟を正そう。すべてはそこから始まっていくのだ。

親は生ける神の姿

この造化無限の勤労に対するおのずからなる反省が、無意識的にわれわれを厳粛にし、われわれを涕泗《なみだ》させる。それには造化に対する人間の限りない感恩の情が籠っておる。また、かくして生まれたわれわれが、茫漠《ぼうばく》たる天地に限りない自他の姿を発見して、これからおのがじし道を歩まなければならない不安と同情と覚悟とが潜んでいる。懐かしくも奇《く》しきは造化と人生とである。

（『東洋倫理概論』）

儒教は社会における人間のあり方を問う道徳だと言われる。だから、神とか死後とか霊界についてはいっさい問わないとも言われる。しかし、安岡正篤の書物を読むかぎり、天、神、造化と言葉はいろいろだが、上位概念（創造主、神）がひんぱんに出てくることに気づく。

人間が生み出されるまでには五十万年もの「間断なき営み」が行われており、「あだおろそかにできているのではない」。だから安岡は、われわれを自己錬磨に駆り立てるものは、自覚していようといまいとそれにはかかわりなく、神の無限の勤労に対する人間の「厳粛な涙」であり、「感恩の情」なのだと言う。

われわれがしっかり修練して立派な人間にならなければならないのは、万物創造という土台の上に心を授けて、人間を霊妙なる存在としてくれた造化に対する報恩だからだと言う。「修身斉家治国平天下」という自戒の言葉も、創造主という上位概念に直結している。上位概念に直結するとき、人間誕生の背後にある万物世界のことにも思いがいくのである。

また、孝行の根拠についても、造化とのからみでこう説いている。

「その造化の生ける姿を何人も目の当たり、その親に拝する。親こそはわれわれを生み、われわれを育て、われわれを教え、己を忘れてただ子のつつがなからんことを祈り、子の幸あらんことを祈って、倦むを知らぬ造化自体である」（前掲書）

親の姿は、造化（太極＝創造神）の生ける姿を目の当たりに見るようなものではないかという。こうとらえるとき、無形のとらえがたい神がきわめて具体的に理解される。親孝行は儒教の根幹をなす絶対律として強調されるのではなく、神への報恩の行いが具体的には、たとえば親への孝行なのだと説明される。こうして孝行のすすめがきわめて自然にところを得る。

重ねて言う。日本には神という概念がなかったのではない。近代化の課題で、忘れ去っていただけなのだ。

次の和歌は神仏や親に対して、先人たちが持っていた思いが率直に表現されている。日本人には伝統的にこんな情感の世界があるのだ。

知らざりき仏とともに起き伏して　明け暮らしける我が身なりとは　藤原光俊
われや母のまな子なりしと思ふにぞ　倦みし生命もよみがえりくる　窪田空穂
親思ふこころにまさる親ごころ　けふの音ずれ何ときくらん　吉田松陰

ところで、子どもを人として大成させるのは、親の一番大切な務めである。その際、わたしたちは子どもの性格を褒め直そうとしてやっきになりがちだが、「子どもは親の反映である」という簡単な事実を案外忘れていることが多い。

次の詩はわたしがドイツに住んでいたころ、友人から送られてきた詩だが、大いに啓発されるところがあった。作者のドロシー・L・ノルテは無名の人らしく、調べてみても詳しいことはわからなかった。ともあれ、詩をご紹介しよう。

子どもはわたしの鏡　　ドロシー・L・ノルテ

子どもは批判といっしょに住めば、人を批判すること学び
敵意といっしょに住めば、反抗することを学ぶ
子どもは嘲笑といっしょに住めば、引っ込み思案になることを学び
恥辱といっしょに住めば、自分を責めることを学ぶ
一方、子どもは励ましといっしょに住めば、自信を持つことを学び
賞賛といっしょに住めば、感謝することを学ぶ
子どもは公正といっしょに住めば、正義を学び
安全といっしょに住めば、人を信じることを学ぶ
子どもは容認といっしょに住めば、自分を愛するようになり
受容といっしょに住めば、周囲に愛を見いだすことを学ぶのだ

わたしたちは育ててもらった親に感謝するとともに、育てる側にまわったとき、子どものあり方から深く教えられる。子どもの教育は、親自身が自己実現をめざしてがんばる誠実な努力なしにできることではない。東洋の親観も、こうした西洋のアドバイスによって、より実践的になる。東洋と西洋は補完し合っているのだ。

教育の基本は敬

いたいけない子どもは愛で育つと、今までもっぱら力説されておりました。『論語』や『孟子』などを読むと、それでは足らぬ、さらに「敬」が必要だと書いています。子どもは愛を要求すると同時に「敬」を欲する。可愛がられたい、愛されたいという本能的要求と同時に、敬する対象を持ちたい、そしてその対象から自分が認められたい、励まされたい、という要求を持っています。その愛と敬が相まって初めて人格ができていく。愛の対象を母に求め、敬の対象を父に求めます。

(『運命を開く』)

戦後、軍国主義、全体主義を否定するあまり、戦前からの教えすべてを否定した。たとえば子育てにおいては、「子どもの人格を尊重する」ために「愛でもってすべてを受容」し、「自主性を認めて」、「個性が伸びる」ように我慢強く見守らなければならないと言われた。その結果、親や教師を殴る子どもや、弱い者いじめをする者が続出した。あまりに愛を強調して甘やかせたので、子どもが自制心をなくし、図《ず》に乗るようになってしまった。その結果、この教育観は正しいのだろうかという反省が生まれてきた。

　安岡正篤は、古典では子どもの教育には「愛」に加えて「敬」が必要だと説いているると説明する。陰陽の相対的理法から言うと、「仰ぐ」という心の働きは、同時に自分を「顧みる」という心の働きを喚起する。「立派な人はそんなことはしませんよ」と注意すれば、子どもの「敬」の心に訴えて、顔を赤くする。自分は「恥ずかしい」と思う気持ちが動き出す。そして少しでもそれに近づこうとする。「敬」の心と「顧みる」心は連動しているのだ。

　注意しなければならないのは、恥ずかしいと思う気持ちは尊敬するような人格に触れたときに起きるということだ。ここに秀でた人物たちの足跡を学ぶ道徳教育の必要性が生まれてくる。

　古典では、聖賢の透徹した言葉を網羅したものを「経《きょう》」と言い、優れた人物たちの業績を書き記《しる》したものを「史《し》」と言う。歴史を教えるということは歴史年表を教えることではない。それぞれの局面で獅子《しし》奮迅《ふんじん》した先人の姿を語ることだ。そしてわれわれの情操を高めてくれる詩文集を「集」と言う。人間の資質を高めるためには、この三つが必要なのである。「仰ぎみる」ことを知らない人間と、「恥じる」ことをわきまえない人間は、一番非人間的になるということを肝に銘じなければならない。

誠とは欺かないこと

曾国藩は敬の心境を説いて、「清明躬《きゆう》に在り、日の升《のぼ》るが如く」でなければならぬとした。道光二十二年、彼が三十二歳のときの在京日記過程十二条は実にこれをもってその第一条としておる。この敬に寄って人ははじめて誠である。儒教では常に誠敬という。

（『政治家と実践哲学』）

曾国藩は清《しん》末の哲人政治家で、十五年にわたった「太平天国の乱」から清朝を救った人である。このことから武人と考えられがちだが、そうではなく文官であり、敬虔《けいけん》な学徒であり、求道者である。安岡正篤は『政治家と実践哲学』の中で、尊敬する人物として、藩政改革に努めた信州松代藩の恩田木工《おんだもく》、満州の名相《めいしょう》・王永江《おうえいこう》などをあげており、曾国藩も、その一人だ。

その理由に、曾国藩の政治家としての業績もさることながら、至醇《しじゅん》の情緒、至誠の人格をあげている。曾国藩は「太平天国の乱」に当たっている諸将の統御に夜も眠れないほど苦心した。

しかし、彼は劉邦《りゅうほう》や朱元璋《しゅげんしょう》と違い、権謀術数から出た策略ではなく、「自己を空しくして他を敬す」方法を取った。人格の根底は至誠であることを信じて疑わなかった。だからこそ曾国藩自身、身を慎み至醇の人格に至ろうとした。曾国藩三十二歳のときの日記には、「誠」を解釈して次のように書いている。

「誠とは〝欺《あざむ》かぬ〟ことであり、その〝欺かぬ〟とは〝心に私著がない〟ことである。私著がなければ至虚である。ゆえに天下の至誠とはまた天下の至虚なるものである」

安岡はこの本の中で、曾国藩の人格錬磨の工夫を紹介している。その一つが価値観に「敬」を置き、至誠の自分を築くために、独り静かに坐した。

「神明は即ち日の升《のぼ》るが如く、身体は即ち鼎《かなえ》の鎮《ちん》するが如く」

これによって臍下《せいか》丹田《たんでん》を充実し、気力を養うのである。

気力を養う方法もいろいろ工夫したが、これにも静坐が効果があると書いている。そして「人に対して言えないようなことはしない」というきわめて平明なことを固く実行している。彼の至誠、至醇はこういう初歩的なこと、しかしきわめて実際的なことに裏打ちされていたのである。曾国藩がこれまた宋の哲人宰相の司馬光《しばこう》を敬慕していたというのも、むべなるかなと思う。

孝行は百行の基

親は人にとって最も直接的な造化の現れである。天の造化の生々化育に対する自ずからなる感謝報恩の心の発動が孝行で、孝行こそは誠に百行の基である。誠は天の道である。これを誠にするとは、非思量的な自然の働きを自覚的にするのであって、人から言えば天地に参してその道を賛《たす》け成すのである。

(『東洋倫理概論』)

わたしたちの子ども時代、遠足とは何にも増して楽しいものだった。というのは、この日だけは米の飯の大きなおにぎりに卵焼きが添えられるという特別な弁当をつくってもらえたからだ。

ある遠足の朝、天草《あまくさ》島に住む荒木君はそんな弁当をつくってもらえるものとばかり期待していた。ところが、母はすまなさそうに「きょうは芋《いも》の弁当しかつくれなかった」と詫《わ》びた。そのひと言で、楽しかるべき遠足の夢が吹き飛んでしまった。八人兄弟の貧しい農家の家計は、米のにぎり飯をつくることさえもできない状態だったのだ。そんなことを知らない荒木君は、昼食のとき、友だちから独り離れて、やぶの中で泣きながら芋を食べた。

高校に進学する時期がきた。あこがれの島原市内の高校に入学するためには、下宿しなければならない。余計な出費がかかることになる。大晦日《おおみそか》が迫ったある夜、父は囲炉裏《いろり》の端に荒木君を坐らせ、いろいろ努力したがだめだったことを話し、だから自宅から地元の高校に通ってほしいと願った。荒木君は抗《あらが》ってさんざん泣きわめいたが、父はどうすることもできなかった。大声で両親を罵《ののし》った荒木君は、部屋に閉じこもり家族ともいっさい口をきかなくなった。

元旦の朝、みんなは揃って初詣に出かけたが、荒木君はふてくされて寝ていた。枕元に数通の年賀状が置かれていた。友だちからの年賀状の中に、鉛筆をなめなめ書いたらしいカタカナ混じりの葉書が入っていた。差出人の名前はなかった。

「お前に明けましておめでとうというのは辛い。でも、母さんはお前が元旦に笑いながらおめでとうと言ってくれる夢を何度も見た。お前が子どものころ泣きだすと、子守歌を歌って泣き止ませたものです。でもいまは歌ってやれる子守歌もない。今度はお前が母さんに親守歌を歌ってほしい」

十四歳の荒木君は布団の中で声をあげて泣いた。父母の愛は山よりも高く、海よりも深かったのである。

道徳の至上命令

かつて極めて少数の者にしか通じそうもない学問を、何のためにそう熱心に没頭するのかと問われて、わたしはこう答えた。「わたしには少数で十分だ。一人でも十分だ。一人もいなくても十分だ」と。「至善は外界からの手を求めない。内部から培《つちか》われそれ自体から出《い》でて全きものである」。これはセネカの教えであるが、わたしもそう信じた。陽明も天下悉《ことごと》く信じて多しとなさず。一人これを信ずるのみにして少なしとなさずと説いている。この書はこういう心境で学問に没頭したときの所産である。

(『王陽明研究』)

これは安岡正篤を世に送り出すことになった最初の本である『王陽明研究』(大正十一年)に、新序として昭和三十五(一九六〇)年に書かれたものである。『王陽明研究』は安岡が東大の四年、二十四歳のときの作品である。この本が投げかけた波紋は大きかった。

たとえば、少壮官僚の広田弘毅《こうき》、大塚惟精《これきよ》、原田政治《まさはる》、後藤文夫らが陽明学研究会を起こして安岡を講師に招いたり、酒井忠正、八代六郎、牧野伸顕《のぶあき》にも出会っている。北一輝《きたいっき》、大川周明《おおかわしゅうめい》ら右翼陣営に知られるようになったのもこの本からである。この新序にある、世人がどう思おうと問題ではなく、「自ら信じるところに従って行うのだ」という気概は、安岡の生涯を貫いていた信念だった。

「自分を頼め」ということは、古典には多く出てくる命題である。

たとえば、幕末の志士たちに大きな感化を与えた『言志四録』の一節。

「一燈を提《さ》げて暗夜を行く。暗夜を憂うことなかれ。ただ、一燈を頼め」

人間は弱いから、どうしても他に原因を求めがちになる。時代が逆風だから……。上司の判断が遅かったから……。大資本には勝てっこない……など。でも、他に原因を求めても虚しい。そこからは何の改善も努力も生まれてはこない。すべては自分から始まっていくのだ。

東京電力会長、経団連会長の平岩外四《がいし》は、作家の小島直記との対談でこう話している。

「伸びる人というのは、課題から逃げないですね」（『読書尚友のすすめ』致知出版社）

黙して聞くべき言葉である。

傑出した人物

『宋名臣言行録《そうめいしんげんこうろく》』の中に、私の畏敬してやまぬ人物で、その章を何十度読んでも飽かぬところがある。それは後集巻十二・劉安世《りゅうあんせい》の章である。世に孟子いわゆる浩然の気の権化《ごんげ》のような、至誠直養の煥発した人物を求めるならば、この劉安世に就《つ》くがよい。

（『東洋宰相学』）

劉安世は宋の政治家で、進士に及第し、各地の知事として善政を施し、太僕卿《たいぼくきょう》にまでなった人である。若いころ、一代の君子人・司馬光について学んだ。

ある日、劉安世が司馬光に、終身実行すべき、心を尽くし、己を行うことは何かと問うた。司馬光は「それは誠だ。自分は平生これを実行し、お上に向かって恥じないよう心を尽くしている」と答えた。以来、劉安世は自分の行為をこの言葉に照らし合わせ、身を正した。

修行を行った劉安世を見て、司馬光は、「安世平生ただ是れ一箇誠の字、更に撲《う》てども破れず。誠は天の道、誠を思うは人の道なり」と言ったという。

劉安世が政権を執ったとき、「至誠の権化」といわれ敵も多く、讒訴《ざんそ》されたため、広東、広西の悪地に流された。その地は疫病の多い地で、劉安世も助かるまいと噂されたが、その地にあった七年の間、一度も病の床に臥すことはなかった。「どうして助かったのか」という問いに、劉安世は「誠に過ぎません」と答えたという。

劉安世は平生好んで『孟子』を読んで、人物を養った。彼にはいろいろな逸話が残っているが、次の話は至誠なるがゆえに豪胆であった彼の人となりを伝えている。あるとき、劉安世は梅州に左遷された。そのとき、彼を暗殺すればその地方の重職につけるという黙約を、土地の土豪が得た。そのことを聞き知ったある役人が、このことをひそかに内報し、防御を怠らないよう忠告した。

しかし、劉安世は少しも騒がず、客と酒を飲んで談笑し、泰然自若としていた。暗殺の命を帯びた土豪がいよいよやってくると飛報が入っても、いつもと少しも変わらず、いびきをかいて眠ってしまった。

夜半、夜明けを告げる鐘の音が聞こえるので、一同何事かと起き出してみると、かの土豪がなぜか血を吐いて死んでいたという。

策を弄すると策に溺《おぼ》れてしまいがちだ。それよりも天に預けて、泰然自若としている。至誠なるがゆえに恐れるものがないとはこういうことか。

「急がば回れ」

本当に大切なことは少し時間がかかるけれども、藤樹《とうじゅ》や蕃山《ばんざん》とかの思想を学ぶ先生や生徒を一人でも多くつくることである。それは長い時間がかかるけれども、そのうちに必ず人生、民族・国家・世界を刷新する。すぐれた維新・革命の歴史をみても、最初は必ず少数のすぐれた精神・自覚を持った志士が現れ、苦労して時代を大きく直しておる。迂遠《うえん》なようであるけれども、それが最も根本であり、実は最も道が近い。

（『人間学のすすめ』）

安岡正篤のことを知った人が必ず言う言葉がある。

「なぜ彼は政界に出て宰相にならなかったのか。彼なら理想的な政治ができただろうに」

じつは若いころの安岡は政治運動に身を投じたことがあった。北一輝《きたいっき》、大川周明《おおかわしゅうめい》などは同志だった。しかし、安岡は次第に疑問を持つようになった。

「この人たちが廟堂《びょうどう》に上がり政権を取ったら、どういう政治がなされるのであろうか？」

自分の中にも厳然としてある、卑屈な人間の欲や業《ごう》を矯《た》め直そうとして苦しんだことのない人間が政権を取っても、また再び我欲の政治が行われるだけだ――。

　ここから安岡は直接的な政治運動から一線を画するようになった。そして教育により、人となるための学問を授けることに心血を注ぐようになった。金鶏学院、日本農士学校はそういう中から生まれたものである。そんな安岡を指して、行動右翼は陰口を言った。

「安岡は口先ばかりで行動が伴わない。時代は急を告げている。もはや『子曰《のたまわ》く――』ではない！」

　そんな批判に安岡はあえて反論しなかった。反論の時間があれば、青年学生たちの教育に心を込めた。

「迂遠なようであるけれども、それが最も根本であり、じつは最も道が近い」

　安岡の門下生の中から、国会議員や県会議員、学校教師や会社経営者、作家、ジャーナリストなどが多数出た。門下生ではないが、いつもその集まりに出て、人としてのあり方を学んでいた人は多い。安岡は直接政治の場に出たわけではなかったが、その意を体《たい》した人びとがよりよい政治に心を砕いた。その意味で、安岡の生き方は政治にも教育にも経営にも文学にも影響を与えたということができるだろう。

敬と進歩向上心

なかでも藤樹先生は特に敬というものを重んぜられた。愛は普遍的なもので、人間ほど発達してはおらぬが、動物も持っておる。しかし敬は「天地の為に心を立つ」という造化の高次の働きであって、人間に到ってはじめて発達してきた心である。これは人間が進歩向上しようとするところに生ずる心であって、人間が理想に向かって少しでも進歩向上しようと思えば、必ず敬の心が湧く。湧けばまた進歩向上することができる。これあるによって人間は人間たりうるのだ。

（『人間学のすすめ』）

哲学者の森信三《もりしんぞう》は人間を井戸水にたとえている。井戸水はどこか深いところで地下水に通じていて、水をかい出してもう出なくなったと思っていても、しばらくするとちゃんと元どおりに溜《た》まっている。それと同じように際限があるようで際限がないのが人間の力だというのだ。

では、人間力をとことん出し切るにはどうしたらいいか。別な言葉で言えば、理想に向かって進歩向上する力を得るためにはどうしたらいいか。

それには何といっても偉人の伝記を読むことだ。その偉人にそのような一生をたどらせた、真の内面的動機は何だったのか――と。偉人の奮闘の跡ほどわれわれを励ましてくれるものはない。感嘆！　畏敬！　驚愕！　どの語を持ってきても言い表わせないが、そうしてわれわれの魂にも火がつくのだ。

そうしてわれわれも、この二度とない貴重な人生を賭けて、高みに向かって挑戦しようと決意する。こうして一燈はいつしか万燈となって世の中を明るく照らすようになる。

孟子は万章篇《ばんしょう》にこう書いている。

「いったい友たちというものは、類をもって集まるものだ。一つの村里で優れた人物はやはり同じ村里の優れた人物を友とするし、一国での優れた人物はやはり国内での優れた人物と付き合うものだ。友だちの選び方にはその人の器量が現われてくる。

天下の優れた人物を友としてもなお満足できない人は、さらに時代をさかのぼって、古《いにしえ》の聖人義人を友とする。彼らの書を読み、自分の魂を練っていく。すなわち尚友《しょうゆう》である」

自分を練り鍛えるためにも読書をしよう。知識を得るための読書ではなく、心を照らしてくれる読書を！

魂の父

物心がついてくると、特に父と子どもの間が問題です。父子の間は善を責めない。善を責めると子が離れる。父子の間が離れることほどいけないものはないと孟子も説いていています。そこで学校に入れて教師をつけるのです。

(『朝の論語』)

安岡正篤の父の堀田喜一《ほったきいち》は非常に来客を好み、神官、儒者、僧侶、詩人など、いろいろな人が家に出入りしていた（安岡姓は養子先の姓）。そうした雅客《がかく》があると、喜一は決まって正篤にお茶を持ってこさせ、給仕役として侍座させていて、いっしょに客の言うことを聞かせたという。安岡は、いまにして思えばそれは、暗々裡に客人の感化を受けさせたいという父母の慈悲からであったろうと回顧する。

小学校に上がるころになると、近くの春日神社の神主の浅見晏斎《あんさい》に四書五経を学んだ。安岡の場合、小学校、中学校の教師はいたが、その他に古典漢文を通して「人間」を教えてくれる浅見という教師がいたことになる。

室町中期の禅僧・一休《いっきゅう》は禅宗の腐敗を嘆き、自由な禅のあり方を求めた人である。

奇想天外な発想や数々の奇行でも有名で、「一休和尚のとんち話」としても知られているが、これは後世のかこつけ話だ。

その一休がどうしたことか、京都・大徳寺《だいとくじ》の住持（住職）になった。京都の大徳寺といえば名刹《めいさつ》の一つで、そこの住持は禅宗の坊さんなら誰でもがあこがれる地位である。

ところが、一休は住持となったとたん、弊履《へいり》のごとく紫衣《しい》を捨て、野《や》に下ってしまった。そのときの気持ちを次の詩に現わしている。

五十年来簑笠《さりゆう》の客
愧慚《きざん》す、今日紫衣《しえ》の僧

紫の衣とは天皇からいただく衣で、誰でもが着られるものではない。一休はそれを捨てて一介の僧に戻ったのだ。

後世のわれわれはその話を聞き、発奮する。それがその国の気風となり、精神風土となる。社風もまた同じだ。魂の父を持たない人は、どうしても自分の弱さに妥協してしまうものである。

第八章　利益と道義

利は義の和なり

『論語』里仁《りじん》篇に「利によって行へば怨多《うらみ》し」とある。これは今日でも同じことで、人びとはみな利を追って暮らしているが、利を求めてかえって利を失い、利によって誤られて、際限もなく怨みを作っている。それは「利とは何であるか」ということを知らないからである。

「利の本は義」（『春秋左伝』）、「利は義の和なり」（『易経』）という。したがって本当に利を得ようとすれば、「いかにすることが〝義〟か」という根本に立ち返らなければならない。これは千古易《か》わらぬ事実であり、法則である。（『論語の活学』）

昭和四十五（一九七〇）年、当時、住友銀行（現・三井住友銀行）副頭取だった岩澤正二《まさじ》は、住友銀行の幹部のために、都合五年間十二回にわたって、大阪本社に安岡正篤を招いて教えを乞うた。

住友銀行は堅実経営をもって知られているが、その徹底した効率経営に対して、住銀はえげつない、厳しすぎる、冷たいという批判もあった。岩澤は、「顧客の批判には謙虚に耳を傾けなければならない。これは経営姿勢にかかわる重大な問題をはらんでいる」と考え、安岡を招いたのだ。経済と道徳の調和、義と利の調和をもう一度先賢の教えに学ぼうとしたのだ。

岩澤の問いに安岡は、「孔子の時代も現代も真理に変わりはない」と言いながら、前述のことを述べた。

「本当に利を得ようとすれば、『いかにすることが〝義〟か』という根本に立ち返らなければならない。利の大本《おおもと》は義であり、利は義の合計なのだ。利を先に求めたら間違ってしまう」

という安岡の教えは、「道徳と経済の調和」を目指す岩澤の思想の根幹を形成した。その後、岩澤はロータリーエンジンの不振で経営危機に見舞われた東洋工業（現・マツダ）に転出し、その精神で見事に経営を立て直している。

明治から大正にかけて住友の大黒柱として活躍した伊庭貞剛《いばていごう》が、あるとき白隠禅師《はくいんぜんじ》の『無尽燈論《むじんとう》』を読んでいて、わが意を得たりと膝を打った。「君子財を愛す。これを取るに道あり」の一節である。男子たる者、家族を養い、事業を遂行するためには財が必要だ。しかし、それを得るためには踏むべき正しい道がある、という意味だ。以来、伊庭はことあるごとにこれを揮毫し、人に与えたという。

譲れないもの

われわれの生きた悟り、心に閃く本当の知恵、あるいは力強い実践力、行動力というようなものは、決してだらだらと概念や論理で説明された長ったらしい文章などによって得られるのではない。経験と精神のこめられておる極めて要約された片言隻句によって悟るのであり、またそれを把握することによって行動するのだ。(『活学』)

高村光太郎の詩にこんな一節がある。

いくらまわされても　針は天極をさす

天地万物に変わらないものがあるように、人生にもまたそうした変わらない真理があるというのだ。真理を知った人間は謙虚になる。

次に紹介するのは、「六〇年安保」のころ、京都大学の総長をしていた平澤興の逸話だ。例によってマルキシズムに煽動された学生たちが、総長室に押しかけ団交となった。

「お前が認めたら改革案は通るんだ。ほかの学部長たちは認めているぞ」

「君らが何と言おうと、吊るしあげに屈して案をのむわけにはいかん。大学の方針は評議会で決めることになっている。それが筋だ。曲げるわけにはいかん」

「反対しているのはお前だけだ。いいかげんに認めろ」

罵声《ばせい》と怒号の渦巻く団交は何時間も続いた。これをやられると、精神的にだけでなく、肉体的にもまいってしまい、たいていの者は折れてハンコを押してしまう。しかし、平澤は屈しなかった。

「二十年も経てば、君たちも組織の長として責任ある決定を下さなければならない立場になる。そのとき、きょうのわたしの立場がよくわかるはずだ。あのときの平澤は節を曲げた、結局はごまかしたといわれたら、わたしは総長の職にすまないし、京都大学にすまない。何よりも自分自身に対してすまない。わたしはそんな総長にはなりたくない。諸君が何を言ってもびくともしないが、二十年後の評価は怖い。そのとき及第できるような総長でないと困るではないか」

そんな平澤の抵抗にとうとう学生たちは折れて引きあげていったという。

人間、妥協できないものがあるという一例である。

明徳を明らかにする

大学の道は明徳《めいとく》を明らかにするに在り。民を新たにするに在り。至善に止まるに在り。止まるを知りてしかるのちに定まるあり。定まりてしかるのち能く静《よ》かなり。静かにしてしかるのち能く安んず。安んじてしかるのち能く慮《おもんぱか》る。慮りてしかるのち能く得る。

（『大学帖』）

『大学』はもともと『礼記《らいき》』の中の一篇だった。しかし、宋学の大成者である朱子《しゅし》が『論語』『孟子』『中庸《ちゅうよう》』と併せて四書とし、それぞれに註解を施したことから、一冊の経書として扱われるようになった。四書は五経（『詩経』『書経』『易経』『礼記』『春秋』）とともに儒学の中心になる教典で、日本の精神形成の上でも大きな影響を与えている。『大学』は孔子の思想の中心となるもので、士君子として天下を指導する者のための書である。

『大学帖』は安岡正篤が六十一歳のとき、『大学』新本の中から興趣のおもむくままにいくつかのフレーズを抜粋したものである。安岡が共鳴した部分を書き抜いているので、いっそう興味が深い。

冒頭の「大学の道は明徳を明らかにするに在り」は、「人間の道とは、天から各人に与えられた立派な性稟《せいひん》を顕現させることだ」と解釈される。当然「天命」に目覚めなければならない。そのためにも立ち止まって考えることが大切なのだ。

「明徳」を明らかにするには、内省を欠かすことはできない。言い古された言葉だが、『論語』学而篇の「吾れ日に三たび吾が身を省みる」は修養の基本である。

「人のために謀《はか》りて忠ならざるか。朋友《ほうゆう》と交わりて信ならざるか。習わざるを伝うるか」。内省する友は信じることができる。人生は縁だが、そういう友との交わりは実を結ぶ。

「一以てこれを貫く」生活、すなわち徳義を大切にする生活は、おのずから身体にも現われてくる。

『大学』の第六章にこんな言葉がある。

「富は屋《おく》を潤し、徳は身を潤す。心広く、体胖《ゆた》かなり」（豊かな財産は家を立派にするが、豊かな徳はその人の身を潤《うるお》し、立派にする。徳を備え、内に省みてやましいところがなくなると、心はいつも広くなり、身体もゆったりと落ちついてくる）。

真理にかなった生活は、おのずから定まり静かになり、安んずるようになる。

利益と道義

利というものは各人自己に都合のよいことでありますから、どうしても他とどこかで衝突します。全て自然は自律的統一体で、各己が自他と相関連し、そのまま全体に奉仕するようにできているから、自己のわがままを許しません。利はちっとも利にならないのです。経済と道徳、利と義というものが両立しないもののように考えるのは、もはや笑うべき愚見です。

（『朝の論語』）

スポーツ用品のメーカー、アシックス会長の鬼塚《おにつか》喜八郎《きはちろう》は創業七年目に二度目の肺結核を患った。バスケット・シューズがヒットして全国にその名が知られるようになり、創業の苦労がやっと報われた。さあ、これからだという時期である。医者の宣告では、一、二年の余命だという。

それならば後継者を育ててから死のうと腹をくくった鬼塚は、社員寮の四畳半の宿直室に移り住み、枕元に社員を呼んで話し込んだ。肺結核は進んでのどに達し、声も出せなくなったので、筆談に頼るほどになった。そんなとき、あるアメリカ人から結核に効く特効薬を入手し、鬼塚は九死に一生を得た。この経験は鬼塚の人生観を形づくったとはいえ、まだまだ誘惑は多かった。

あるとき、付き合いでクラブに飲みに行き、帰りにその社長の家に行くと、立派な家だった。〈同じ社長でもえらい違いだな〉と思いつつ、〈おれもここいらで、人並みの社長の暮らしをしたい〉と考えた。ところがその足で会社に戻ると、社員たちが徹夜で荷造りをしていたのだ。

「社長、この荷物を今日のうちに発送したら、うちの会社の実績の新記録になるんですよ」

私欲にかられてあれこれ考えていた鬼塚は恥ずかしさでいっぱいになった。当時、会社の株は鬼塚一族ですべて持っていた。日頃、会社は私物ではないと言っていた鬼塚は、ここから着手しなければ、嘘だと思った。そこで、七割まで社員や他の株主に譲渡しようと決意した。

しかし、人間は弱いものだ。いや、半分でもいいではないかという欲望が頭をもたげる。鬼塚はそんな自分を説き伏せた。そうこうして達成された社員株主制度で、株主社員はアシックスが優良企業になればなるほど、自分の資産も増えるから喜んだ。アシックスの強さ、バイタリティはそこに存在するのだ。

バックボーンのある人間

人間は誘惑されたり、脅迫されたりすると、すぐ心ならぬことをもなしてしまう。そこから脱線や堕落がはじまるのだ。道を学ぶ人間は、なにものをもってしても奪うことのできないものが根本になければならぬ。これが「為《な》さざる有るなり」だ。富貴《ふうき》をもってしても、貧賤をもってしても、威武をもってしても、なにものをもってしても、奪うことができないものを持っておるということが肝心です。

(『人間学のすすめ』)

バブル経済が崩壊して、改めて「為さざる有るなり」の精神が見直されている。利益をあげるためにはなりふりかまわず、銀行から借り入れして土地や株に投資して利ざやを稼ごうとするやり方は邪道だったと反省されている。人倫を踏みはずした姿勢は、結局は大きくツケとなって返ってきたのだ。富貴をもってしても、貧賤をもってしても、脅してもすかしても、奪うことができないもの、すなわち、バックボーンなき人間も国家も尊敬されはしない。国際社会で一定の役割を演じようとするいま、

「為さざる有るなり」の精神をいま一度振り返ってみる必要がありそうだ。

安岡正篤は、太平洋戦争も結局は「為さざる有るなりというところにおいて大きな過ちを犯してきた」と指摘する。だから終戦の詔勅《しようちよく》の刪修《さんしゆう》を頼まれたとき、「時運ノ趨《おもむ》ク所」を「義命ノ存スル所」に書き替えようとした。形勢われに不利だから戦争をやめるということではなく、天地の真理に照らし合わせてみたとき、そこに義命があると思うから、終戦するというのだ。

ところが、この一節は最後の閣議でわかりづらいと判断され、元に戻されて、「時運ノ趨ク所」に変えられてしまった。つまり、信念があってやっているのではなく、情況に流されていくという無原則的な姿勢は、残念ながらいまも昔も変わりがない。

安岡はこの刪修のとき、もう一ヵ所手を入れている。「万世ノ為ニ太平ヲ開カムト欲ス」である。戦いを終わり、平和を迎えるにあたって、それを万世のために行うという姿勢に、「為さざる有るなり」の精神が横溢《おういつ》しているのがわかる。

安岡はかねがね「いかなる脅迫や誘惑に会おうとも、最後は毅然として〃為さざる有るなり〃という精神を持った民族は決して亡《ほろ》びない。どんな逆境に立ってもまた興る」と言っていた。そういう民族精神を持ち続けたいものである。

敗戦の原因

歴史的、伝統的な深い人間学、正しい節義、そういうものを失って、近代の非常に非人間的なイデオロギーと、それに粉飾、カモフラージュされた野心とが大荒れに荒れたということが、太平洋戦争に敗戦の大破滅を招いた一番の大きな原因である。

（『知命と立命』）

安岡正篤をよく知らない人は、「ああ、あの右翼の思想家か」という言い方をする。戦前の時代風潮が復古調で国家主義的だったので、東洋思想の碩学たる安岡がそのように取られるのも無理はない。しかし、子細に安岡の思想行動を研究すると、安岡は肩を怒らせた国家主義者にもしばしば警告を発していたことがわかる。

安岡の考え方を端的に表わしているのが、昭和三十三（一九五八）年二月二十六日、「師と友」の百号記念大会にあたり、「全国師友協会とその教学」と題して行った講演である。引用の文はその一部だが、日本の近代史を振り返って、こうも語っている。

「あのときの日本の一番の欠点は、第一次大戦に漁夫の利を占めて、世界各国の非常な不幸・禍《わざわ》いを種にして、金儲けをしたことだ。津々浦々に札ビラが舞い、成金が出て、好景気に酔ってしまった。従来の伝統的な良識や節義を失って、唯物主義、功利主義、享楽主義、デカダン生活をほしいままにした」

「満州事変の思わざる成功によって、北京にいる者、天津にいる者、上海にいる者、日本国内にいたそれらの同志者に、当時いわゆる建国病というものが蔓延した。〝功名富貴、手に唾《つば》して取るべし〟という野心が日本の朝野に勃興《ぼっこう》した。この野心が大いに国を誤らせたのです。革新運動もその傾向を強くした」

この視点は当然、現代にも向けられた。だからこそ師友会という集まりを全国各地につくって、教学の振興を始めたのだ。安岡は言う。

「何とかして現代の虚無主義、享楽主義、懐疑主義、伝統に反抗する曲学阿世の影響を排除して、この日本を真に権威ある維新に向かわせなければならないと悲願する」

国を挙げて精神的・道徳的・宗教的価値を失ってしまった日本の再興を願い、生涯かけて各地を行脚《あんぎゃ》し、迂遠なようではあるが、一つひとつの勉強会をコツコツ続けていった。安岡の人生は、わたしには修行僧の人生のように見えるのだ。

わたしにしかできないこと

人と生まれた以上、本当に自分を究尽し、修練すれば、何十億も人間がおろうが、人相はみな違っているように、他人にない性質と能力を必ず持っている。それをうまく開発すれば、誰でもそれを発揮することができる。これを「運命学」「立命の学」という。これが東洋哲学の一番の生粋である。

（『知命と立命』）

大阪府堺市《さかい》に安心堂という豆腐屋がある。家族で手づくりの豆腐を提供している小さな豆腐屋だが、豆腐づくりにかける熱意が多くのファンをつくっている。主人の橋本太七《はしもとたしち》さんが使っているのは、十勝《とかち》の大豆と伊豆大島で採れる天然にがりだ。天然にがりは化学薬品と違って反応が早く、失敗する確率が高い。そのため、機械化はとても無理なので、手づくりに頼らざるをえない。苦心の結果、木綿《もめん》豆腐でも絹ごしのように柔らかい豆腐ができるようになり、人気商品となった。大阪の有名な料亭も毎朝堺まで仕入れに来るほどだし、冷蔵の宅配便を利用してお中元やお歳暮に利用する人も激増した。

それだけだったら、こだわり商品のヒット例としてよくある話だが、橋本さんの場合、それだけではない。毎朝四時、豆腐づくりに取りかかる前、大豆と天然にがりを前にして、いい豆腐ができますようにと祈るという。

太七さんの息子さんはある朝、偶然に父親が身を清めて祈る姿を見て感動し、家業を継ぐことを決意した。それまでは、ある企業の工場長だった父親が会社を辞め、町の小さな豆腐屋になったことが恥ずかしく、なかなか父親の職業のことを語れなかったのだ。

太七さんが毎朝朗読している詩はわれわれの胸を打つ。住友グループのリーダーの一人、田中良雄《たなかよしお》の詩である。

一隅を照らすもので私はありたい
私の受け持つ一隅が　どんなに小さい惨めなはかないものであっても
悪びれずひるまず　いつもほのかに照らしていきたい

全国に豆腐屋は何万軒とある。しかし、橋本さんのような姿勢で豆腐づくりに励む人はいない。そこに安心堂の豆腐が特別なものとして高い評価を受ける理由がある。

資本主義・共産主義の弊害

世にいう資本主義的弊害というものは、あらゆる価値の標準を利己的・享楽的な金融的成功というべきものに置いたことです。そのために富める者よりもむしろ貧しい者に物質主義・利己主義を育てました。利益一点ばりの考え方を育てたのです。

（『朝の論語』）

安岡正篤は信念のある反共主義者だったが、資本主義も共産主義同様、利益一点ばりの物質主義・利己主義に陥っていると強く批判する。共産主義を批判するのも、それが資本主義以上に物質主義であり、その物質主義・享楽主義によって人間の霊性をいっそう暗くしているからだという。

労働者階級は利潤の分配を要求する。資本家階級がやっている潤沢な生活を自分たちもやりたいのだ。でもその結果、いつしか享楽主義に陥ってしまい、およそ精神的な事柄の意味や価値を信じることができなくなってしまった。そして労働運動の盛りあがりとともに、資本家階級も含めて、社会のあらゆる階層の人びとが物質主義に陥り、利ばかりを追い求めるようになってしまったのだ。

安岡は、共産主義の悪い点は唯物史観によって、労働者階級の権力奪取を理論的に正当化したことだと言う。

「(唯物史観は) 歴史の過程を、人間の物質的・利己的動機に支配されて進んできたものと解釈し、人の世の中の一切の出来事を経済関係に帰し、割り切って説明した」

しかし、歴史を通観すると、算盤勘定では絶対に解釈できない、犠牲的精神によって遂行された出来事が少なくない。そういう例はわれわれの個人的生活にも多々ある。安岡はさらに指摘する。

「人間万事経済関係によって決すると考えたら、それこそ人間の自由も価値も権威も何もないことになってしまい、人間は単なる物質的機械と化してしまう」

弱い人間は環境に負けてしまうが、修養によって強くなった人間は環境の主体者となれる。その自由を手に入れるためにも、人間は刻苦《こっく》勉励《べんれい》しなければならない。

安岡は人間の霊性、自由性を大切にする。それを守るためにも、財の外に立てという。財の外に立てば、何が正しい道か、何が自分の欲から出ているか、はっきりわかる。それが見えないから欲にかられてとんでもないことを仕出かしてしまうのだ。

第九章　健康法

目の健康法

まず、私は朝起きると顔を洗う時に必ず冷水に顔をつっこむことにしております。これが一つの楽しみで、私は一生涯髪を伸ばさない。つぎに水の中で目を洗うのです。開け閉《た》てしたり、左右に動かしたり、あるいは上下に動かしたりして眼球の運動をする。それが一通り済むと、今度は上から手で揉《も》む。眼科の医者にいわせると、これくらいよい目の養生法はないそうです。寒中など初めは眼球が凍りはせんかと思うくらい冷たいが、やっておると何ともいえぬ好い気持ちになる。だから山などへ行って、滾々《こんこん》と湧いておる清水を見ると、まず首をつっこんで目を洗いたくなる。

(『身心の学』)

昭和五十八(一九八三)年十二月十三日、安岡正篤は惜しまれながら八十五歳の生涯を閉じた。死ぬ直前まで書を書き、講義をし、驚くほどの健康を示した安岡である。八十歳になっても、前屈で頭が軽々と脚につき、さらに百八十度開脚して床に上体がつくほどで、その柔軟な体にはみな驚いた。その秘密は日々実践している、真向《まっこう》法というストレッチ体操にあった。

その第一が朝起きて洗面するとき、目を洗い、水の中で目の運動をすることだ。これにより安岡は晩年まで細かい字で書かれた本を読むのに困ることはなかった。安岡は冷水を用いることをすすめている。冷水なら眠気が覚めることも意図しているのだろう。

この目を洗い、水の中で目の運動をする健康法は安岡の専売特許ではなく、江戸時代前期の儒学者・貝原益軒《かいばらえきけん》の『養生訓』にも書かれている。貝原の健康法は有名で、自分の体験に基づいて心身の養生を説いたのが『養生訓』だ。貝原は八十五歳で没するが、平均寿命が五十歳だったという江戸時代前期での八十五歳だから、驚くほどの長寿だったことになる。

貝原が『養生訓』を著わすのは八十三歳のときだが、その年齢でも、「なお夜細字を書き読み、牙歯《しが》固くして一つも落ちず」と書いているから、ただ長生きしているだけではなく、いきいきとして社会的活動をしていたことがうかがわれる。

貝原の方法は安岡とは少し違って塩湯を用いているが、洗浄の後、目の運動をするのは同じだ。貝原は左右十五度ずつと書いているが、回数は別として、運動することが大事だと解釈すればいい。

梅干番茶を飲む

私が猛烈な胃酸過多を容易に克服した一つに、梅干番茶があります。師友協会同人にどれくらい梅干しを食べさせておるか測りしれない。梅干番茶とは、梅干に少し醬油を落としまして、それに熱い番茶を注ぐ。よくほとびさせて塩を落とすのです。そして実の厚い大粒なら一個程度、小さいものなら二個食べます。これは昔からおばあさんたちが子や孫に必ずやらせたものです。私は頑固な胃酸過多を一ヵ月でよくしまして、それから何十年、胃酸過多など忘れております。

（『身心の学』）

東洋の見方の基本にあるのは、陰陽二気の原理である。体の健康も陰陽二気で考える。木を例に取って陰陽を説明すると、根から幹が出て枝が分かれ、葉が繁って花がつき、実がなる。このうち陽とは、外に発動し分化し繁茂する働きを指す。一方、陰とは、全体性、永続性を維持する働きのことを指す。陽がなければ発動繁栄できないが、これが過ぎると末梢化《まっしょうか》し、分裂・破裂してしまう。陽は、全体性、統一性を維持する陰の働きに支えられるとき、生々化育が正しく行われるのだ。

これを人間の生理にあてはめて考えると、アルカリ性が陰で、酸性は陽になる。今日の医学、生理学、栄養学でも、息も汗も血液も弱アルカリ性でなければならないという。

京の染色工は色を二万通り見分けるといい、香水の専門家は七千種類嗅《か》ぎ分けるという。しかし、その繊細な特殊能力も体液を弱アルカリ状に保たないと消えてしまう。梅干番茶はクエン酸サイクルによって、体液を弱アルカリ性に保つ作用を持っている。したがって梅干番茶を飲むことは理にかなっていると言えよう。

ところで安岡正篤は酔って人事不省に陥ることはなかったものの、たいへんな酒豪だった。日本酒にかぎらずアルコール一般は強い酸性だから、安岡が毎朝梅干番茶を飲んでバランスを取ったというのは理にかなっていることになる。

ちなみに、肉、魚、貝類など、動物性タンパク質はみな酸性食品。一方、人参、大根、キャベツ、ほうれん草など、野菜類はアルカリ性食品。わかめ、ひじき、こんぶなど海草類もアルカリ性食品。砂糖を入れないコーヒー、紅茶、緑茶などもアルカリ性食品だ。こう見てくると、肉食より菜食が体によいことがわかる。食品を陰陽の観点から見るマクロビオティック（自然食）が、いま欧米で脚光を浴びているのも、この理由からだと言えよう。

真向法

生命というものは宇宙造化の一部分である。大にしていえば、宇宙の創造・変化、いわゆる造化、たえざる創造、これが人間に現れて、生命という作用になる。真向法《まっこうほう》の佐藤通次先生の感詠に「この道を朝に夕に踏みてあれば命の生くる喜びぞ湧く」とある。生命はその機能を発揮すればするほど、長井先生がよくいわれるように柔軟になり、抵抗がなくなる。意識からいうと、虚であり、無ということだ。生命が純粋に働くようになると、すべて人間の感覚には柔らかに受け取れる。柔、柔和、柔軟こそは生命の姿である。

(『身心の学』)

晩年まで驚くほど健康だった安岡正篤の養生の秘訣は、ストレッチ体操の一種、真向法にある。平成二(一九九〇)年、鈴木俊一都知事が五選に出馬する際(当時八十歳)、体がいかに若いかを示すために、テレビの前で屈伸運動をして見せたことがある。掌が楽々床につくのを見て、視聴者は感嘆の声を発した。何を隠そう、鈴木都知事も真向法の実践者だったのだ。

真向法は実業家の長井津《ながいわたる》が編み出したストレッチ体操である。長井は不摂生がたたって脳溢血《のういっけつ》になり、四十そこそこで半身不随になった。そこで一念発起《ほっき》して『勝鬘経《しょうまんぎょう》』に書いてあるように、五体を床に投げ出して仏を拝む五体投地の礼拝を始めた。不自由な体での五体投地の礼拝《らいはい》だから大変だったが、何とかお辞儀したいという一念で続けているうちに、できるようになった。それとともに、いつしか脳溢血の後遺症もなくなっていた。

真向法は四つの体操から成り立っている。

①開脚して上体を折り曲げ、床につける。
②閉脚して伸ばした脚の上に、上体を折り曲げる。
③開脚し、脚を折り曲げて太股《ふともも》につける。そして上体を折り曲げ、床につける。
④座ったままの姿勢で後ろに倒れ、背筋を伸ばす。

これを朝晩十五分くらい行う。最初は股《また》や腰が痛くて上体を床につけられないが、実行しているうちに次第に柔軟になり、上体が楽に床につくようになる。半年ぐらい続けると、ある朝突然、屈伸できるようになるというから驚きだ。これは腰痛にもいい。腰痛に苦しんでいた人が、真向法で体、とくに腰を屈伸できるようになって、嘘のように痛みが消えたという話は多い。

朝こそすべて

英仏の古諺《こげん》に曰く「朝こそすべて」と。一日二十四時間、朝があり、昼があり、夜があるとするのは、死んだ機械の一日に過ぎない。活きた時間は朝だけ。換言すれば、本当の朝をもたなければ、一日無意義だということだ。朝を活かすことから人生は始まる。

（『照心語録』）

「人生、二度なし」とはよく言われる。窮地や転機に立ったとき、人はそれを自覚する。しかし、「のど元過ぎれば熱さ忘れる」のも人間の性《さが》で、いつしか惰性に流れるようになる。「人生、二度なし」という覚醒は、生活の改良につながり、継続しなければ意味がない。昔の人は「継続は力なり」と言ったが、まさに炯眼《けいがん》というべきだ。

さて、生活の改良がなされ、継続するということは、「習慣化」するということだ。安岡正篤の場合、早朝の時間の活用に心を砕いた。昼間の時間は忙殺され、なかなか自分の静かな時間が取れない。それならばと、電話もかかってこない、人も会いにこない、雑用で煩《わずら》わされることもない、早朝の清明な時間を活用することを思い立った。

朝早く起きるということは、睡魔《すいま》との闘いになるのだが、安岡の場合、真剣の素振りをして睡魔を断ち、正座して机に向かった。先人の書き残した書物を読みながら、自分の資質を練った。

内容のある人物になりたいと真剣な研鑽をしていた若い日の安岡にとって、早起きへの挑戦は修行ともいえた。だから清末の哲人政治家・曾国藩の心がけ「黎明《れいめい》には即起し、醒《さ》めて後、霑恋《てんれん》するなかれ」（目覚めたらすぐに起き、布団の中でぐずぐずしない）に大いに共鳴したのである。

早起きが習慣になってしまえば、あとは苦労することはない。空が白み始めたらおのずから目が覚める。そして朝の二、三時間、充実した時間が始まる。

わたしの場合、早朝、朝靄《あさもや》をついて外に出る。そして一時間から一時間半、ウォーキングして汗をかく。帰ったら熱いシャワーを浴びてさっぱりし、机に向かうようにしている。

早朝の活用がいいのは、太陽が昇るころ天地にはもっとも〝気〟がみなぎっているからだと、古人は言う。その〝気〟を呼吸するから、精神にも肉体にもいいのだそうだ。案外そうなのかもしれない。わたしも体験上そう思っている。

静坐のすすめ

打坐に成功すれば、われわれは胸に溜まっていたつかえがスッと消えたように、もしくは熱のとれたように感ぜられる。とりわけ朝のごとき、衾《ふすま》を離れると丹田《たんでん》がドッシリ重く、気分が廓落《かくらく》として、天地がなんとなく清々しく広い。この気分が不断につづくときは、すなわちわれわれの人格がそれだけ清曠《せいこう》と自由とを増したのである。

（『身心の学』）

安岡正篤は修行の方法として静坐を行っていた。では、静坐のときの体の形について説明しよう。

①まず左足を右腿《もも》の上に乗せ、尻を十分うしろに引く、右足も左腿の上に乗せる。

②気が散らないようにするため、目は半眼に開き、膝《ひざ》の前の畳に目を落とす。目を閉じると眠ってしまうので、目は閉じない。

③全身の重心は丹田に落とし、体を前後左右にゆらりゆらりと揺すってみて、落ちつくところで体を定める。起き上がりこぼしの要領である。

④手は自然に垂らして体の前に置き、右の掌に左の甲を乗せ、親指を互いに支えるようにする。ただ、ヨーガは膝の頭に 掌《てのひら》 を上に向けて置くよう指導する。
⑤そのとき、目、鼻、両肩、臍《へそ》が正中線に沿ってまっすぐになるようにする。
⑥尻には座布団を二つ折りにして敷く。
⑦腹中の濁気を静かに吐き出し、その後、おもむろに吸う。呼気も吸気も長ければ長いほどいい。吐いて吸うという順序を間違えない。
⑧静かに吐いておもむろに吸い、一と数える。また吐いて吸って、二と数える。
⑨こうして百、千と数え、おのずから止まるまでやる。

修行を積んだ人によると、静坐によって養生が進むにつれて、心が落ちつき、全身の毛穴から雲霧が立ち昇るような気がするそうだ。線香を焚いていると、心が鎮まるとともに、線香の灰が落ちる音さえわかるという。

これに対し、蘇東坡《そとうば》の静坐は少し違う。まず体を定めると印を解き、右手を胸に当てて、息を吐きながら静かに丹田まで撫で下ろし、一と唱える。これを百回行う。次に左手に移り、また百回行う。こうしてそれぞれ三百回行う。呼吸がそれほど大事だからだ。安岡の経験でも百回も行うと自分の存在を忘れ、天地にただ呼吸だけがあるように感じるという。

【参考文献】

本文掲載の安岡正篤先生の著作刊行元は左記のとおり。なお、復刻版については現在入手できる出版社を記す。著作権継承者の安岡正明氏および各出版社から引用を快く了承いただいたことを、厚く御礼申し上げます。

『運命を開く』『人物を創る』『知命と立命』『論語の活学』（以上、プレジデント社）、『活眼活学』（ＰＨＰ研究所）、『先哲講座』『呻吟語を読む』『人物を修める』『易と人生哲学』『いかに生くべきか』（以上、致知出版社）、『百朝集』『三国志と人間学』『人間学のすすめ』『東洋宰相学』『日本の父母と青年に』（以上、福村出版）、『身心の学』『東洋の心』（以上、黎明書房）、『王陽明研究』『朝の論語』『新編経世瑣言』『古典を読む』『陽明学十講』『憂楽志』『新憂楽志』（以上、明徳出版社）、『童心残筆』『政治家と実践哲学』『青年は是の如く』『憂楽秘帖』（以上、全国師友協会）、『続経世瑣言』『東洋倫理概論』『照心語録』『大学帖』『活学』（以上、関西師友協会）、『人間を磨く』（日新報道）、『大和』（東京通信工材）

※『いかに生くべきか』は『東洋倫理概論』を改題したもの。

本作品は一九九二年十一月、同文舘出版から刊行された
『安岡正篤人間学』を加筆訂正したものです。

神渡良平－1948年、鹿児島県に生まれる。九州大学医学部を中退後、新聞記者や雑誌記者などの職業を経て作家に。38歳のとき脳梗塞で右半身不随になるが、リハビリによって社会復帰を果たす。このときの闘病体験から「人生は一度だけ。貴重な人生を取りこぼさないためにどうしたらよいか」という意識に目覚め、それが作品の底流となった。
著書には『人は何によって輝くのか』『春風を斬る　小説・山岡鉄舟』（以上、ＰＨＰ研究所）、『「人生二度なし」森信三の世界』（致成出版社）、『安岡正篤　人生を拓く』『安岡正篤珠玉の言葉』（講談社＋α新書）、『宰相の指導者　哲人安岡正篤の世界』（講談社＋α文庫）がある。

講談社＋α文庫　安岡正篤《やすおかまさひろ》 人間学《にんげんがく》

神渡良平《かみわたりりょうへい》

2002年10月20日第１刷発行
2023年６月21日第16刷発行

発行者――――鈴木章一
発行所――――株式会社 講談社
東京都文京区音羽2-12-21 〒112-8001
電話 編集(03)5395-3522
販売(03)5395-4415
業務(03)5395-3615

写真――――産経新聞ビジュアルサービス室
デザイン――――鈴木成一デザイン室
カバー印刷――――凸版印刷株式会社
印刷――――株式会社新藤慶昌堂
製本――――株式会社国宝社

KODANSHA

落丁本·乱丁本は購入書店名を明記のうえ、小社業務あてにお送りください。
送料は小社負担にてお取り替えします。
なお、この本の内容についてのお問い合わせは
第一事業局企画部「＋α文庫」あてにお願いいたします。
Printed in Japan ISBN4-06-256663-X
定価はカバーに表示してあります。

講談社+α文庫 Ⓖビジネス・ノンフィクション

孫正義 起業のカリスマ
大下英治
学生ベンチャーからIT企業の雄《ゆう》へ。リスクを恐れない「破天荒《はてんこう》なヤツ」ほど成功する!!
933円 G 100-2

だれも書かなかった「部落」
寺園敦史
タブーにメス!! 京都市をめぐる同和利権の〝闇と病《や》み〟を情報公開で追う深層レポート
743円 G 114-1

闇将軍 野中広務と小沢一郎の正体
松田賢弥
強権、利権、変節! 日本を手玉に取ってきた男たちの、力の源泉と〝裸〟の実像を暴く!!
838円 G 119-1

鈴木敏文 商売の原点
緒方知行 編
創業から三十余年、一五〇〇回に及ぶ会議で語り続けた「商売の奥義」を明らかにする!
590円 G 123-1

＊図解「人脈力」の作り方 資金ゼロから大金持ちになる!
内田雅章
人脈力があれば六本木ヒルズも夢じゃない! 社長五〇〇人と「即アポ」とれる秘密に迫る!!
648円 G 126-1

私の仕事術
松本大
お金よりも大切なことはやりたい仕事と信用だ。アナタの可能性を高める「ビジネス新常識」
648円 G 131-1

情と理 上 カミソリ後藤田回顧録
後藤田正晴 御厨貴 監修
〝政界のご意見番〟が自ら明かした激動の戦後秘史! 上巻は軍隊時代から田中派参加まで
838円 G 137-1

情と理 下 カミソリ後藤田回顧録
後藤田正晴 御厨貴 監修
〝政界のご意見番〟が自ら明かした激動の戦後秘史! 下巻は田中派の栄枯盛衰とその後
838円 G 137-2

さわかみ流 図解 長期投資学 最後に勝つ、財産づくりの仕組み
澤上篤人
株価の「目先の上げ下げ」に右往左往する必要はない。「気楽にゆっくり」こそ儲けのコツ!
686円 G 139-1

成功者の告白 5年間の起業ノウハウを3時間で学べる物語《ストーリー》
神田昌典
カリスマコンサルタントのエッセンスを凝縮 R25編集長絶賛のベストセラー待望の文庫化
781円 G 141-1

＊印は書き下ろし・オリジナル作品

表示価格はすべて本体価格(税別)です。本体価格は変更することがあります

講談社+α文庫 Ⓖビジネス・ノンフィクション

〈図解〉配線で解く「鉄道の不思議」 中部ライン編	川島令三	配線がわかれば、鉄道がもっと楽しくなる！中部エリアの「ミステリー」を徹底追跡！	819円	G 181-5
〈図解〉配線で解く「鉄道の不思議」 山陽・山陰ライン編	川島令三	膨大な取材データをもとに、鉄道の魅力を再発見。山陽・九州新幹線にもメスを入れる！	819円	G 181-6
大地震 死んではいけない！ 間違いだらけの「常識」にだまされるな！	株式会社レスキューナウ＝編 目黒公郎＝監修	「水・食料の確保」「火はすぐ消す」は大間違い。日本唯一の危機管理情報専門企業が教示	648円	G 182-1
渋沢栄一 日本を創った実業人	東京商工会議所＝編	世界の近代化に乗り遅れた日本の進むべき道筋を示し、日本の礎を築いた渋沢の歩み！	819円	G 184-1
黒人に最も愛され、FBIに最も恐れられた日本人	出井康博	日米開戦前夜、黒人達を扇動し反米活動を仕掛けた日本人がいた。驚愕の秘史が明らかに	819円	G 185-1
＊闇の流れ 矢野絢也メモ	矢野絢也	公明党の書記長・委員長時代の百冊の手帳に残る驚愕の記録。創価学会が怖れる事実とは	933円	G 186-1
街金王 池袋アンダーグラウンドの「光」と「闇」	高木賢治	カネの前では正義もへったくれもない。「悪」と呼ばれる、街金業界の全てをさらけだす！	876円	G 187-1
126年！なぜ三ツ矢サイダーは勝ち抜けたのか	立石勝規	夏目漱石、宮沢賢治、戦艦大和の乗組員が愛飲した「命の水」。その奇跡の歩みを追う！	762円	G 190-2
戦略の名著！最強43冊のエッセンス	有坪民雄 守屋淳	孫子の兵法、クラウゼヴィッツからテーラー、ドラッカーまで。不況を生き抜く英知を解説	819円	G 191-1
新版 編集者の学校 カリスマたちが初めて明かす「極意」	元木昌彦	編集者ほど楽しい仕事はない！入社試験対策から編集・取材の基本まで必須知識が満載！	743円	G 192-1

＊印は書き下ろし・オリジナル作品

表示価格はすべて本体価格（税別）です。本体価格は変更することがあります